MECE Workbook

MECE 워크북

비즈니스 편

한정판

Learning & Growth

Learning & Growth의 아이디어 워크북

아이디어가 필요해!

여러분이 어떤 일을 하든지 산업 트렌드는 빠르게 변하고 있고 경쟁은 나날이 치열해지고 있습니다.

이에 적응하려면 여러분이 담당하는 제품, 서비스, 컨텐츠 등도 시대 및 상황에 맞춰 바뀌어야 하죠.

여기에 적응하는 것을 넘어 변화를 선도하기 위해선 새로운 아이디어가 필요합니다. 하지만 애석하게도 아이디어는 가까이 있어도 잡기 어렵고 잡을 것 같다가도 연기처럼 흩어지기 일쑤입니다. 그래서 신선한 아이디어를 내는 조직이나 사람을 보면 대단해 보입니다.

아이디어는
똑똑하거나 창의력이 뛰어난 사람만 생각할 수 있나요?

아닙니다. 물론 창의력이 높은 사람이 기발한 아이디어를 좀 더 잘 발굴할 수는 있습니다. 하지만 좋은 아이디어를 혼자서 뚝딱 만드는 사람은 극히 소수에 불가합니다. 사람들을 움직이는 좋은 아이디어는 '사고 도구'를 활용하는 것, 팀이 함께 '의견을 주고 받는 것'으로 얼마든지 창출할 수 있습니다.

'사고 도구'는 다른 말로 아이디어 도출 기법인데 조금만 검색하면 정말 많은 기법들을 찾을 수 있습니다. 다만 이를 나의 문제, 우리의 문제에 적용하는 것이 익숙하지 않을 수 있습니다.

Learning & Growth의 아이디어 워크북

Learning & Growth의 아이디어 워크북은 여러분이 마주하는 새로운 도전과제를 해결할 수 있도록, 다양한 아이디어 도출 기법을 어떻게 활용할 수 있는지 가이드를 제시합니다.

본 워크북을 통해 아이디어 도출 기법을 쉽고 자연스럽게 습득해보기 바랍니다.

- 실제 컨설팅 프로젝트를 수행하면서 활용하고 성과를 창출한, 검증된 기법입니다.

- 가벼운 문제와 답변 예시를 통해 독자가 내용을 빠르게 이해하고 습득하도록 구성했습니다.

목차

Learning & Growth의 아이디어 워크북

1장

MECE 개념

MECE란?

MECE란?

1. MECE는 각 요소나 항목들이 상호간에 겹치지 않으면서도, 모두 합치게 되면 전체가 된다는 개념입니다. 다음 벤다이어그램으로 설명한다면 A, B, C의 교집합은 공집합인데 A, B, C의 합집합은 전체집합이 되는 것을 의미합니다.

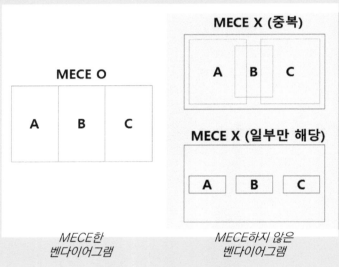

*MECE한
벤다이어그램*

*MECE하지 않은
벤다이어그램*

2. 각 요소는 꼭 3개일 필요는 없습니다. '있다'와 '없다'처럼 2개로 구성된 것도 많이 있고 4개 이상의 요소로 구성된 것도 많이 있습니다. 다만 업무적으로 활용할 땐 온전한 MECE가 아니라, 중요하다고 생각한 것들이 약 80% 이상 포함되어 있으면 'MECE'하다고 생각하고 그 다음 단계로 넘어가는 경우가 많습니다.

MECE 활용

MECE란 개념을 바탕으로 업무에 활용할 때 사용하는 툴이 로직트리(Logic tree) 또는 이슈트리(Issue tree)입니다. 많은 기획서나 보고서 쓰는 법에선 보통 MECE와 로직트리를 쌍으로 소개합니다. 왜냐하면 실제로 업무에 활용하여 보이는 산출물로 정리하는 것이 로직트리이기 때문입니다. 로직트리는 다음 그림과 같이 특정 주제, 문제, 상황에 대해 트리 형태로 MECE하게 나누어 정리한 것입니다.

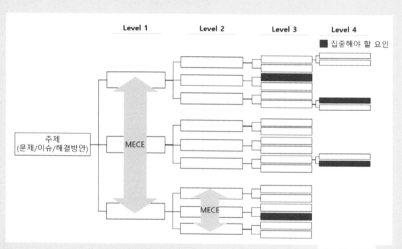

로직트리는 우선순위를 정해 집중할 요인을 찾는 등 다양하게 활용됩니다. 이때 로직트리를 어느 정도 단계까지 나누어야 하는지는 정해진 것이 없습니다. 개인 또는 팀이 직접 통제할 수 있는 수준까지 나누면 되어서 숙련도에 따라 상대적으로 정해지기 때문입니다.

예를 들어 리서치 회사에서 10년 이상 근무한 사람이라면 '설문지 설계'라는 말로 끝날 수 있는 업무지만, 신입사원은 어디서 무엇을 어떻게 준비해야 하는지 세세한 것까지 신경을 써야 할 수 있기 때문입니다.

다만 MECE를 고려하면서 로직트리를 그릴 때 유의사항이 한 가지가 있는데 그것은 동질성을 충족시켜야 한다는 것입니다. 친구들이 함께 모여 식사 장소를 정하려고 하는데 어떤 종류가 있을지 각자 서로 다른 것을 이야기 하기로 했습니다. 그래서 첫 번째 친구는 '한식', 두 번째는 '중식', 세 번째는 '일식'이라고 했는데 마지막 친구가 '카페'라고 얘기했다면 어색함을 느낄 것입니다. 그 이유는 '식'으로 끝나는 식사 종류를 이야기 하고 있는데 갑자기 음료 범주에 해당하는 말을 했기 때문입니다.

MECE를 어디에 써먹지?

1. 선배를 벤치마크 할 때

기술 영업직으로 입사한 나열심이 있었습니다. 운이 좋게도 사수인 전똑똑은 회사 내 역량과 성과가 모두 좋은 선배였습니다. 그래서 나열심은 전똑똑이 어떻게 일을 하는지 배우기로 결심하고 선배를 분석합니다.

'고객을 만나기 전엔 최근 기술 트렌드 및 원자재 시황 자료를 준비하는구나~'

'고객을 만나선 바로 업무 얘기를 하지 않고 고객의 가족이나 고객사 직원 분들의 안부를 묻는구나~'

나열심은 전똑똑에게 고객을 만나기 전의 준비, 고객을 만나 바로 딱딱한 주제를 얘기하느라 심각해지지 않는 것, 이 두 가지를 잘 하면 자기도 영업을 잘 할 수 있는지 물어봤습니다. 그런데 전똑똑은 놓친 것을 짚어주었습니다.

"고객이 나(전똑똑)를 좋아한다면 그 이유는 열심씨가 말한 것도 있겠지만, 내가 고객과 오늘 미팅했으면 내일이 되기 전에 오늘 미팅 내용을 요약하고 어떻게 팔로우업 할 것인지 정리해 메일로 보내기 때문일거야"

나열심이 '전-중'만 생각했다고 하면 전똑똑은 '전-중-후'로 MECE하게 생각할 수 있었습니다.

2. 설문조사 할 때

임직원의 출퇴근 방법을 3일 내 조사하려는 인사팀의 홍인사가 있었습니다. 전 임직원 수는 1,000명. 기간 내 전 직원 인터뷰를 하기 어려워 설문조사를 하기로 했고, 답변을 받기 편하게 객관식으로 문항을 설계했습니다.

질문〉 '귀하는 출퇴근할 때 주로 이용하는 교통수단은 무엇인가요? 가장 많이 이용하는 것을 하나만 선택해주세요'
답〉 1)버스 2)지하철 3)택시 4)도보

홍인사가 이렇게 객관식 보기를 주게 되면, 오토바이, 전동킥보드, 자전거 등을 타고 출퇴근 하는 사람은 고르기 어렵습니다. 당연히 분석의 품질도 낮아지고요. 혹자는 이렇게 물을 수 있습니다.

'5) 기타를 추가하면 되지 않나요?'

가능합니다. 그런데 기타를 고르는 사람이 예상했던 것보다 많아 30%, 40%가 된다면 의미 있는 분석을 하기 어렵습니다. 그래서 '기타'를 없애는 것이 좋은데, 그렇다고 8지 선다 이상으로 만드는 것을 권장하지도 않습니다. 조사하려는 목적을 생각하고 가설을 잘 세워 문항 및 답변을 설계하되, 중요한 것들은 빠지지 않도록 생각하는 것이 중요합니다. 이럴 때 MECE하게 생각하는 것이 유용합니다.

3. 현황 분석 보고서 쓸 때

업계에서 많이 쓰거나 공신력이 있는 프레임워크(또는 비즈니스 툴)를 활용해도 MECE하게 조사하고 분석할 때 도움됩니다. 생활용품 제조회사에 신입으로 입사한 홍생활은 시중에 유통되는 프리미엄 치약에 대해 분석하라는 업무를 받았습니다. 그래서 덴티스테, Vussen 등 여러 제품들의 성분도 보고 포장도 보며 **제품**을 분석했습니다. **가격**대가 어떻게 형성되어 있는지도 분석했습니다. 온라인 및 오프라인을 샅샅이 뒤져가며 어느 **유통 채널**에서 많이 판매되는지도 분석하여 팀장님에게 보고했습니다. 이 때 팀장님이 보고서를 보고 한 마디를 합니다.

"Product, Price, Place는 잘 정리한 것 같은데, Promotion은 없나요?"

팀장님은 마케팅에서 많이 활용하는 4P를 생각하며 보고서를 읽었고, 자연스럽게 누락된 것이 보였던 것입니다.

MECE하게 생각하는 것은 지식이 많다고, 머리가 좋다고 더 잘할 수 있는 것은 아닙니다. 의식적으로 연습하는 것이 더 중요합니다. 즉 숙련도가 필요하며 이에 대해 99% 확신합니다. 고등학교를 갓 졸업한 대학생 인턴이 약 1개월 동안 연습을 많이 한 후엔 유명 MBA 출신보다 MECE하게 더 잘 생각하고 토론에 참여하는 것을 여러 번 경험해봤기 때문입니다.

자 이제부터 MECE 연습을 시작해보시죠.

2장
MECE 연습

1) 사람

①우리나라에 몇 명이나 살고 있지?

②빈 칸에 들어갈 지역 이름은?

③우리나라에 4번째로 많은 성씨는?

④우리나라에 가장 많이 거주하는 외국인은?

⑤우리나라 등록 장애인 수

3. MECE 연습 - 1) 사람

정답 찾기

우리나라에 몇 명이나 살고 있지?

대한민국 전체인구	51,780,579 명

성별	남자 - 25,945,737명 여자 - 25,834,842명

연령	나이	인구 수
	~9세	4,055,740 명
	10세 ~ 19세	4,732,100 명
	20세 ~ 29세	6,971,785 명
	?	7,203,550 명
	40세 ~ 49세	8,291,728 명
	50세 ~ 59세	8,587,047 명
	60세 ~ 69세	6,472,987 명
	70세 ~ 79세	3,591,533 명
	80세 ~ 89세	1,646,916 명
	90세~	227,193 명

출생 및 사망	출생 - 272,300명 사망 - 304,948명

보기

30세 ~ 39세	0세 ~ 100세

자료 출처: e-나라지표 (2020년 기준)

15

3. MECE 연습 – 1) 사람

우리나라에 몇 명이나 살고 있지?

대한민국 전체인구	51,780,579 명

성별	남자 – 25,945,737명 여자 – 25,834,842명

연령	나이	인구 수
	~9세	4,055,740 명
	10세 ~ 19세	4,732,100 명
	20세 ~ 29세	6,971,785 명
	30세 ~ 39세	7,203,550 명
	40세 ~ 49세	8,291,728 명
	50세 ~ 59세	8,587,047 명
	60세 ~ 69세	6,472,987 명
	70세 ~ 79세	3,591,533 명
	80세 ~ 89세	1,646,916 명
	90세~	227,193 명

출생 및 사망	출생 – 272,300명 사망 – 304,948명

보기

30세 ~ 39세	0세 ~ 100세

자료 출처: e-나라지표 (2020년 기준)

3. MECE 연습 – 1) 사람

정답 찾기

빈 칸에 들어갈 지역 이름은?

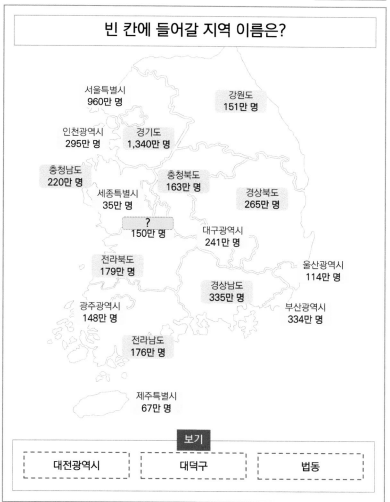

서울특별시
960만 명

강원도
151만 명

인천광역시
295만 명

경기도
1,340만 명

충청남도
220만 명

충청북도
163만 명

세종특별시
35만 명

경상북도
265만 명

?
150만 명

대구광역시
241만 명

전라북도
179만 명

울산광역시
114만 명

경상남도
335만 명

광주광역시
148만 명

부산광역시
334만 명

전라남도
176만 명

제주특별시
67만 명

보기

대전광역시 | 대덕구 | 법동

자료 출처: e-나라지표 (2020년 기준)

3. MECE 연습 – 1) 사람

빈 칸에 들어갈 지역 이름은?

서울특별시
960만 명

강원도
151만 명

인천광역시
295만 명

경기도
1,340만 명

충청남도
220만 명

충청북도
163만 명

세종특별시
35만 명

경상북도
265만 명

대전광역시
150만 명

대구광역시
241만 명

전라북도
179만 명

울산광역시
114만 명

경상남도
335만 명

광주광역시
148만 명

부산광역시
334만 명

전라남도
176만 명

제주특별시
67만 명

보기

| 대전광역시 | 대덕구 | 법동 |

자료 출처: e-나라지표 (2020년 기준)

18

우리나라에 4번째로 많은 성씨는?

순위	성씨	인구	순위	성씨	인구
1위	김(金)	1,000만 명	11위	한(韓)	77만 명
2위	이(李)	730만 명	12위	오(吳)	76만 명
3위	박(朴)	420만 명	13위	서(徐)	75만 명
4위	?	230만 명	14위	신(申)	74만 명
5위	정(鄭)	210만 명	15위	권(權)	70만 명
6위	강(姜)	110만 명	16위	황(黃)	69만 명
7위	조(趙)	100만 명	17위	안(安)	68만 명
8위	윤(尹)	100만 명	18위	송(宋)	68만 명
9위	장(張)	99만 명	19위	전(全)	56만 명
10위	임(林)	82만 명	20위	홍(洪)	55만 명

보기

최(崔)	나까무라
알렉산드라	파트라

자료 출처: 통계청 (2020년 기준)

3. MECE 연습 – 1) 사람

우리나라에 4번째로 많은 성씨는?

순위	성씨	인구	순위	성씨	인구
1위	김(金)	1,000만 명	11위	한(韓)	77만 명
2위	이(李)	730만 명	12위	오(吳)	76만 명
3위	박(朴)	420만 명	13위	서(徐)	75만 명
4위	최(崔)	230만 명	14위	신(申)	74만 명
5위	정(鄭)	210만 명	15위	권(權)	70만 명
6위	강(姜)	110만 명	16위	황(黃)	69만 명
7위	조(趙)	100만 명	17위	안(安)	68만 명
8위	윤(尹)	100만 명	18위	송(宋)	68만 명
9위	장(張)	99만 명	19위	전(全)	56만 명
10위	임(林)	82만 명	20위	홍(洪)	55만 명

보기

최(崔)	나까무라
알렉산드라	파트라

자료 출처: 통계청 (2020년 기준)

3. MECE 연습 – 1) 사람

정답 찾기

우리나라에 가장 많이 거주하는 외국인은?

국내 체류 외국인	2,036,075명

국내 체류 기간*	장기 체류 외국인 – 1,610,323명
	단기 체류 외국인 – 425,752명

국적별	국가	외국인 수
	?	894,906 명
	베트남	211,243 명
	태국	181,386 명
	미국	145,580 명
	우즈베키스탄	65,205 명
	필리핀	26,515 명
	기타 국가	461,440 명
	합계	2,036,075 명

보기

자카르타	몰디브	베이징	중국

*장기 체류 외국인 – 외교, 공무, 유학, 연수, 취업, 거주 등 장기체류자격을 보유한 외국인
*단기 체류 기준 – 관광, 방문 등의 목적으로 대한민국에 90일 이하 거주하는 외국인

자료 출처: 법무부 출입국통계 (2020년 기준)

3. MECE 연습 – 1) 사람

우리나라에 가장 많이 거주하는 외국인은?

국내 체류 외국인	2,036,075명	

국내 체류 기간*	장기 체류 외국인 – 1,610,323명	
	단기 체류 외국인 – 425,752명	

	국가	외국인 수
	중국	894,906 명
	베트남	211,243 명
	태국	181,386 명
국적별	미국	145,580 명
	우즈베키스탄	65,205 명
	필리핀	26,515 명
	기타 국가	461,440 명
	합계	2,036,075 명

보기

자카르타	몰디브	베이징	중국

*장기 체류 외국인 – 외교, 공무, 유학, 연수, 취업, 거주 등 장기체류자격을 보유한 외국인
*단기 체류 기준 – 관광, 방문 등의 목적으로 대한민국에 90일 이하 거주하는 외국인

자료 출처: 법무부 출입국통계 (2020년 기준)

3. MECE 연습 – 1) 사람

정답 찾기

우리나라 등록 장애인 수

장애유형	등록 장애인 수
지체	894,906 명
시각	211,243 명
?	181,386 명
언어	145,580 명
지적	65,205 명
뇌병변	26,515 명
자폐성	461,440 명
정신	2,036,075 명
신장	26,515 명
심장	461,440 명
호흡기	2,036,075 명
간	26,515 명
안면	461,440 명
장루.요루	2,036,075 명
뇌전증	461,440 명
합계	**2,633,026**

보기

수면	청각	골절	기면증

자료 출처: 통계청 (2020년 기준)

3. MECE 연습 – 1) 사람

우리나라 등록 장애인 수

장애유형	등록 장애인 수
지체	894,906 명
시각	211,243 명
청각	181,386 명
언어	145,580 명
지적	65,205 명
뇌병변	26,515 명
자폐성	461,440 명
정신	2,036,075 명
신장	26,515 명
심장	461,440 명
호흡기	2,036,075 명
간	26,515 명
안면	461,440 명
장루.요루	2,036,075 명
뇌전증	461,440 명
합계	**2,633,026**

보기

수면	청각	골절	기면증

자료 출처: 통계청 (2020년 기준)

2) 생활

① 우리나라에서 한 해 소비되는 가축의 수는?

② 국제 운송수단은 어떤 것들이 있을까?

③ 국내 운송수단은 어떤 것들이 있을까?

④ 운전 면허증 종류는 어떤 것들이 있을까?

⑤ 자동차 연료는 어떤 것들이 있을까?

⑥ 출퇴근(등하교) 때 가장 많이 이용하는 것은?

3. MECE 연습 – 2) 생활

정답 찾기

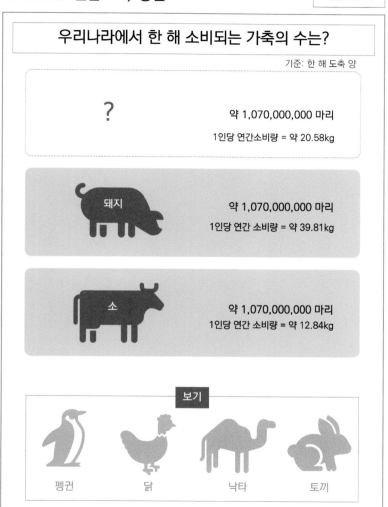

우리나라에서 한 해 소비되는 가축의 수는?

기준: 한 해 도축 양

?

약 1,070,000,000 마리

1인당 연간소비량 = 약 20.58kg

돼지

약 1,070,000,000 마리

1인당 연간 소비량 = 약 39.81kg

소

약 1,070,000,000 마리

1인당 연간 소비량 = 약 12.84kg

보기

펭귄　　　닭　　　낙타　　　토끼

자료 출처: 축산물안전관리시스템 (2020년 기준)

3. MECE 연습 – 2) 생활

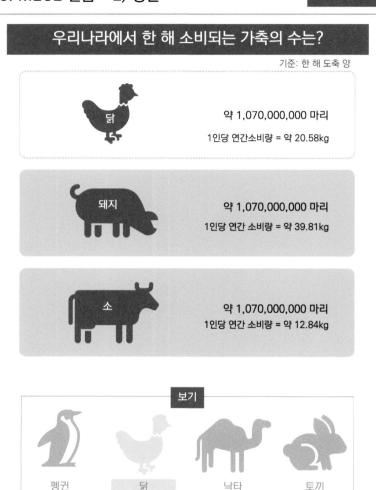

우리나라에서 한 해 소비되는 가축의 수는?

기준: 한 해 도축 양

닭
약 1,070,000,000 마리
1인당 연간소비량 = 약 20.58kg

돼지
약 1,070,000,000 마리
1인당 연간 소비량 = 약 39.81kg

소
약 1,070,000,000 마리
1인당 연간 소비량 = 약 12.84kg

보기

펭귄   닭   낙타   토끼

자료 출처: 축산물안전관리시스템 (2020년 기준)

28

3. MECE 연습 – 2) 생활

정답 찾기

국제 운송수단은 어떤 것들이 있을까?

국제

해운
1,429,149,574 톤

?

4,015,986 톤

보기

스포츠카   항공   포크레인

자료 출처: 국토교통부 (2019년 기준)

3. MECE 연습 – 2) 생활

국제 운송수단은 어떤 것들이 있을까?

국제

해운
1,429,149,574 톤

항공
4,015,986 톤

보기

스포츠카

항공

포크레인

자료 출처: 국토교통부 (2019년 기준)

3. MECE 연습 – 2) 생활

정답 찾기

국내 운송수단은 어떤 것들이 있을까?

국내

공로
1,847,241,007 톤

해운
107,408,372 톤

?
28,663,738 톤

항공
258,729 톤

보기

자전거   우주선   철도   UFO

자료 출처: 국토교통부 (2019년 기준)

31

3. MECE 연습 – 2) 생활

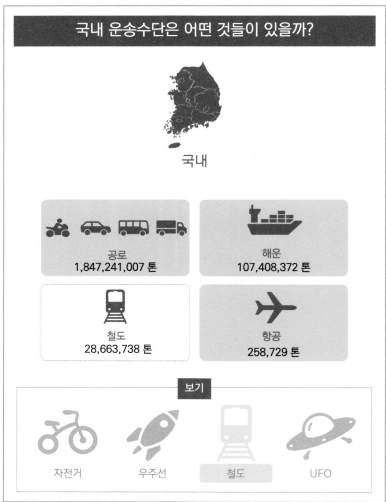

국내 운송수단은 어떤 것들이 있을까?

국내

공로
1,847,241,007 톤

해운
107,408,372 톤

철도
28,663,738 톤

항공
258,729 톤

보기

자전거　　　우주선　　　철도　　　UFO

자료 출처: 국토교통부 (2019년 기준)

3. MECE 연습 – 2) 생활

정답 찾기

운전 면허증 종류는 어떤 것들이 있을까?

1종	특수	구난차 대형 견인차 소형 견인차
	?	승용자동차, 승합자동차 ,화물자동차 ,건설기계, 특수자동차, 원동기장치자전거
	보통	승용차, 정원 15명 이하 승합차 적재중량 12톤 미만 화물차,3톤 미만 지게차 총 중량 10톤 미만 특수차. 원동기장치자전거
2종	보통	승용자동차, 정원 10명 이하 승합차 적재중량 4톤 이하 화물차, 원동기장치자전거, 총 중량 3.5톤 이하 특수차
	소형	이륜자동차, 원동기장치자전거
	원동기장치자전거	배달용 오토바이, 소형 스쿠터, 전동킥보드, 전기자전거 등

보기

1종 씽씽카 면허	1종 대형면허
1종 스쿠버 다이빙 자격증	1종 카트라이더 면허

자료 출처: 국토교통부 *(2019년 기준)*

3. MECE 연습 - 2) 생활

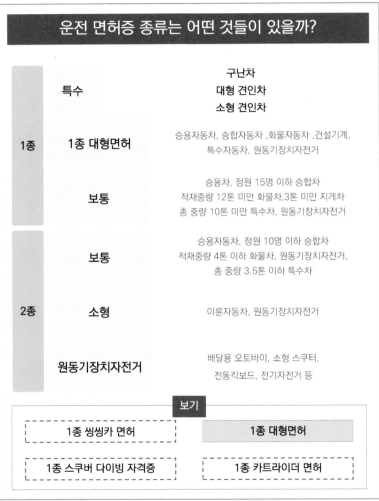

운전 면허증 종류는 어떤 것들이 있을까?

1종	특수	구난차 대형 견인차 소형 견인차
	1종 대형면허	승용자동차, 승합자동차 ,화물자동차 ,건설기계, 특수자동차, 원동기장치자전거
	보통	승용차, 정원 15명 이하 승합차 적재중량 12톤 미만 화물차,3톤 미만 지게차 총 중량 10톤 미만 특수차, 원동기장치자전거
2종	보통	승용자동차, 정원 10명 이하 승합차 적재중량 4톤 이하 화물차, 원동기장치자전거, 총 중량 3.5톤 이하 특수차
	소형	이륜자동차, 원동기장치자전거
	원동기장치자전거	배달용 오토바이, 소형 스쿠터, 전동킥보드, 전기자전거 등

보기

| 1종 씽씽카 면허 | 1종 대형면허 |
| 1종 스쿠버 다이빙 자격증 | 1종 카트라이더 면허 |

자료 출처: 국토교통부 (2019년 기준)

3. MECE 연습 – 2) 생활

정답 찾기

자동차 연료는 어떤 것들이 있을까?

휘발유 (가솔린)
상온에서 증발하기 쉽고 인화성이 좋아 공기와 혼합되면 폭발성을 지닌다. 대부분의 자동차에 사용

경유 (디젤)
가솔린과 함께 자동차 시장의 상당수를 차지하는 연료, 저속에서의 강한 힘을 요구하는 트럭이나 SUV등이 주로 사용

액화석유가스 (LPG)
석유에서 추출한 가스를 액화한 것으로, 연료비는 휘발유·경유에 비해 저렴한 편이며 주로 택시에 사용

?
주로 메탄으로 구성됨, 일산화탄소 같은 부산물을 적게 뿜어내 친환경적이며 시내버스 등에 많이 사용

하이브리드 (전기+가솔린)
내연기관 엔진과 전기 자동차의 배터리가 함께 사용됨, 일반 내연기관 차량보다 연비가 좋고 소음이 적음

전기
배터리와 모터를 사용하여 주행을 하기 때문에 배기가스가 없음, 충전 비용이 내연기관 차량에 비해 저렴함

보기

| 수증기 | 압축천연가스 (CNG) | 식용유 | 방귀 |

자료 출처: YOUNG HYUNDAI 홈페이지

3. MECE 연습 – 2) 생활

자동차 연료는 어떤 것들이 있을까?

휘발유 (가솔린)	상온에서 증발하기 쉽고 인화성이 좋아 공기와 혼합되면 폭발성을 지닌다. 대부분의 자동차에 사용
경유 (디젤)	가솔린과 함께 자동차 시장의 상당수를 차지하는 연료, 저속에서의 강한 힘을 요구하는 트럭이나 SUV등이 주로 사용
액화석유가스 (LPG)	석유에서 추출한 가스를 액화한 것으로, 연료비는 휘발유·경유에 비해 저렴한 편이며 주로 택시에 사용
압축천연가스 (CNG)	주로 메탄으로 구성됨, 일산화탄소 같은 부산물을 적게 뿜어내 친환경적이며 시내버스 등에 많이 사용
하이브리드 (전기+가솔린)	내연기관 엔진과 전기 자동차의 배터리가 함께 사용됨, 일반 내연기관 차량보다 연비가 좋고 소음이 적음
전기	배터리와 모터를 사용하여 주행을 하기 때문에 배기가스가 없음. 충전 비용이 내연기관 차량에 비해 저렴함

보기

수증기	압축천연가스 (CNG)	식용유	방귀

자료 출처: YOUNG HYUNDAI 홈페이지

3. MECE 연습 – 2) 생활

정답 찾기

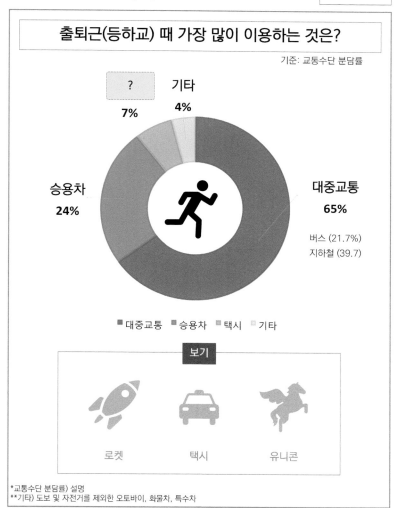

출퇴근(등하교) 때 가장 많이 이용하는 것은?

기준: 교통수단 분담률

? 7%

기타 4%

승용차 24%

대중교통 65%

버스 (21.7%)
지하철 (39.7)

■대중교통 ■승용차 ■택시 □기타

보기

로켓　　　택시　　　유니콘

*교통수단 분담률) 설명
**기타) 도보 및 자전거를 제외한 오토바이, 화물차, 특수차

자료 출처: 교통정책과 (2020년 기준)

3. MECE 연습 - 2) 생활

출퇴근(등하교) 때 가장 많이 이용하는 것은?

기준: 교통수단 분담률

택시
7%

기타
4%

승용차
24%

대중교통
65%

버스 (21.7%)
지하철 (39.7)

■ 대중교통 ■ 승용차 ■ 택시 □ 기타

보기

로켓   택시   유니콘

*교통수단 분담률) 설명
**기타) 도보 및 자전거를 제외한 오토바이, 화물차, 특수차

자료 출처: 교통정책과 (2020년 기준)

3) 문화

①책은 어떤 형태로 존재할까?

②사람들이 책을 가장 많이 읽는 장소는?

③마크? 디아블로? GTA? 가장 많이 팔린 게임은?

④세계 4대 종교는 무엇일까?

⑤우리나라 사람들의 종교 분포는?

3. MECE 연습 – 3) 문화

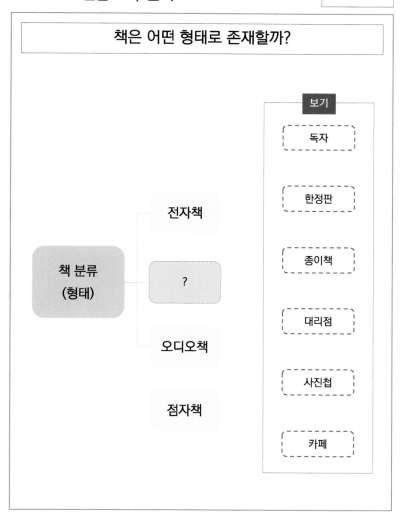

책은 어떤 형태로 존재할까?

보기

독자

한정판

종이책

대리점

사진첩

카페

전자책

책 분류
(형태)

?

오디오책

점자책

41

정답

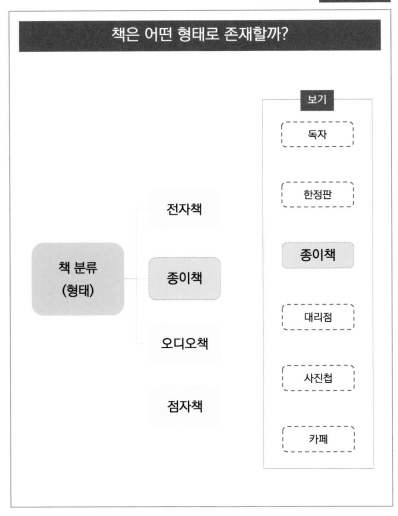

책은 어떤 형태로 존재할까?

보기

독자

한정판

종이책

대리점

사진첩

카페

전자책

책 분류
(형태)

종이책

오디오책

점자책

3. MECE 연습 - 3) 문화

정답 찾기

사람들이 책을 가장 많이 읽는 장소는?

학생			성인		
1위	?	55.4%	1위	?	60.3%
2위	교실	18.7%	2위	밖에서 이동할 때	10.2%
3위	장소를 가리지 않음	6.2%	3위	직장	9.3%
4위	학교도서관	5.6%	4위	장소를 가리지 않음	7.5%
5위	학교 밖 도서관	4.1%	5위	카페	7.3%
6위	밖에서 이동할 때	3.9%	6위	도서관	3.2%
7위	서점	2.5%	7위	서점	2%
8위	카페	2%		–	

보기

에버랜드	집	무도회장	해외

*교통수단 분담률) 설명
**기타) 도보 및 자전거를 제외한 오토바이, 화물차, 특수차

자료 출처:「국민독서실태조사」, 문화체육관광부 *(2021년 기준)*

3. MECE 연습 – 3) 문화

사람들이 책을 가장 많이 읽는 장소는?

학생			성인		
1위	집에서	55.4%	1위	집에서	60.3%
2위	교실	18.7%	2위	밖에서 이동할 때	10.2%
3위	장소를 가리지 않음	6.2%	3위	직장	9.3%
4위	학교도서관	5.6%	4위	장소를 가리지 않음	7.5%
5위	학교 밖 도서관	4.1%	5위	카페	7.3%
6위	밖에서 이동할 때	3.9%	6위	도서관	3.2%
7위	서점	2.5%	7위	서점	2%
8위	카페	2%		–	

보기

| 에버랜드 | 집 | 무도회장 | 해외 |

*교통수단 분담률) 설명
**기타) 도보 및 자전거를 제외한 오토바이, 화물차, 특수차

자료 출처:「국민독서실태조사」, 문화체육관광부 (2021년 기준)

3. MECE 연습 – 3) 문화

정답 찾기

마크? 디아블로? GTA? 가장 많이 팔린 게임은?

	게임 이름	판매량
1위	?	4억 2,500만 개
2위	마인크래프트	2억 개
3위	GTA V	1억 3,500만 개
4위	Wii 스포츠	8,288만 개
5위	배틀그라운드	7,000만 개
6위	디아블로 III	3,000만 개
7위	콜오브듀티: 모던어페어	2,650만 개
8위	포켓몬스터 금 은	2,300만 개
9위	동물의 숲	2,240만 개

보기

제기차기	윷놀이	술래잡기	테트리스

누적 판매량 기준

자료 출처: 위키백과 (2021년 기준)

3. MECE 연습 – 3) 문화

마크? 디아블로? GTA? 가장 많이 팔린 게임은?

	게임 이름	판매량
1위	테트리스	4억 2,500만 개
2위	마인크래프트	2억 개
3위	GTA V	1억 3,500만 개
4위	Wii 스포츠	8,288만 개
5위	배틀그라운드	7,000만 개
6위	디아블로 III	3,000만 개
7위	콜오브듀티: 모던어페어	2,650만 개
8위	포켓몬스터 금 은	2,300만 개
9위	동물의 숲	2,240만 개

보기

제기차기	윷놀이	술래잡기	**테트리스**

누적 판매량 기준

자료 출처: 위키백과 (2021년 기준)

46

3. MECE 연습 – 3) 문화

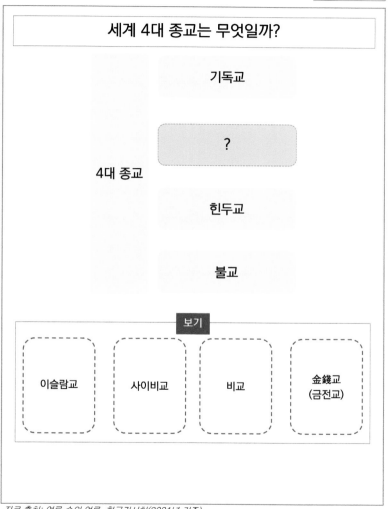

세계 4대 종교는 무엇일까?

기독교

?

4대 종교

힌두교

불교

보기

| 이슬람교 | 사이비교 | 비교 | 金錢교
(금전교) |

자료 출처: 여론 속의 여론, 한국리서치(2021년 기준)

3. MECE 연습 – 3) 문화

세계 4대 종교는 무엇일까?

기독교

이슬람교

4대 종교

힌두교

불교

보기

이슬람교 | 사이비교 | 비교 | 金錢교 (금전교)

자료 출처: 여론 속의 여론, 한국리서치(2021년 기준)

3. MECE 연습 – 3) 문화

정답 찾기

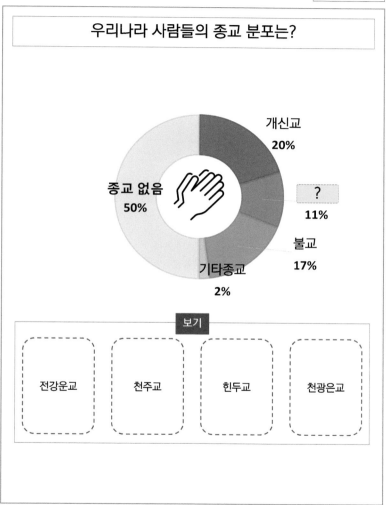

우리나라 사람들의 종교 분포는?

- 개신교 20%
- ? 11%
- 불교 17%
- 기타종교 2%
- 종교 없음 50%

보기

| 전강운교 | 천주교 | 힌두교 | 천광은교 |

자료 출처: 여론 속의 여론, 한국리서치(2021년 기준)

정답

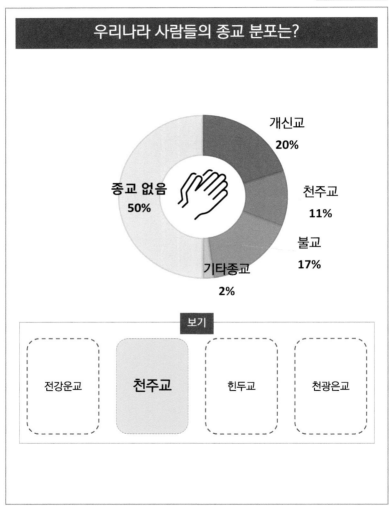

우리나라 사람들의 종교 분포는?

개신교
20%

천주교
11%

불교
17%

기타종교
2%

종교 없음
50%

보기

전강운교

천주교

힌두교

천광은교

자료 출처: 여론 속의 여론, 한국리서치(2021년 기준)

4) 트렌드

① 모바일로 가장 많이 구매하는 품목은?

② 국내 주요 중고거래 플랫폼은 뭐가 있을까?

③ 가장 많이 거래된 중고거래 물품은?

④ 우리나라에서 가장 인기있는 OTT 플랫폼은?

⑤ 스마트폰 시장의 주인공은?

⑥ 가장 많이 팔린 스마트폰은?

3. MECE 연습 – 4) 트렌드

정답 찾기

모바일로 가장 많이 구매하는 품목은?

	PC 활용 쇼핑 거래액	모바일 쇼핑 거래액	온라인 쇼핑 거래액	모바일 쇼핑 비중
서비스	5,000억	2조 7,000억	3조 2,000억	85%
?	7,100억	1조 9,000억	2조 6,000억	72%
생활	7,000억	1조 6,000억	2조 3,000억	69%
패션	1조 7,000억	2조 8,000억	4조 5,000억	62%
기타	1,400억	2,400억	3,800억	62%
가전	1조 1,000억	1조 4,000억	2조 5,000억	55%
도서	1,700억	1,700억	3,500억	50%
합계	5조	11조	16조	68%

보기

식품	달고나	떡볶이	햄버거

2020년 소매판매액은 48조 원, 소매판매액 기준 온라인 판매 비중은 33%

자료 출처: 통계청 (2020년 기준)

3. MECE 연습 – 4) 트렌드

모바일로 가장 많이 구매하는 품목은?

	PC 활용 쇼핑 거래액	모바일 쇼핑 거래액	온라인 쇼핑 거래액	모바일 쇼핑 비중
서비스	5,000억	2조 7,000억	3조 2,000억	85%
식품	7,100억	1조 9,000억	2조 6,000억	72%
생활	7,000억	1조 6,000억	2조 3,000억	69%
패션	1조 7,000억	2조 8,000억	4조 5,000억	62%
기타	1,400억	2,400억	3,800억	62%
가전	1조 1,000억	1조 4,000억	2조 5,000억	55%
도서	1,700억	1,700억	3,500억	50%
합계	5조	11조	16조	68%

보기

식품	달고나	떡볶이	햄버거

2020년 소매판매액은 48조 원, 소매판매액 기준 온라인 판매 비중은 33%

자료 출처: 통계청 (2020년 기준)

3. MECE 연습 – 4) 트렌드

정답 찾기

국내 주요 중고거래 플랫폼은 뭐가 있을까?

	?	번개장터	헬로마켓	중고나라
월간 이용자 수	1518만	304만	120만	64만(앱)
주 거래방식	직거래	택배거래	택배거래	택배거래
주 운영채널	모바일 앱	모바일 앱	모바일 앱	네이버카페

보기

작가와	당근마켓	배추마켓	공동집필

자료 출처: 한국소비자원 (2022년 기준)

3. MECE 연습 – 4) 트렌드

국내 주요 중고거래 플랫폼은 뭐가 있을까?

	당근마켓	번개장터	헬로마켓	중고나라
월간 이용자 수	1518만	304만	120만	64만(앱)
주 거래방식	직거래	택배거래	택배거래	택배거래
주 운영채널	모바일 앱	모바일 앱	모바일 앱	네이버카페

보기

작가와	**당근마켓**	배추마켓	공동집필

자료 출처: 한국소비자원 (2022년 기준)

3. MECE 연습 – 4) 트렌드

정답 찾기

가장 많이 거래된 중고거래 물품은?

1. **?**   거래액 1,500억 원, 51만 건 거래

2. 스니커즈   거래액 720억 원, 50만 건 거래

3. 스타굿즈   거래액 87억 원, 62만 건 거래

보기

아파트	연구논문	모바일 기기	학위

자료 출처: 번개장터 트렌드 리포트 (2020년 기준)

가장 많이 거래된 중고거래 물품은?

1. 모바일 기기   거래액 1,500억 원, 51만 건 거래

2. 스니커즈   거래액 720억 원, 50만 건 거래

3. 스타굿즈   거래액 87억 원, 62만 건 거래

보기

| 아파트 | 연구논문 | 모바일 기기 | 학위 |

자료 출처: 번개장터 트렌드 리포트 (2020년 기준)

3. MECE 연습 – 4) 트렌드

정답 찾기

우리나라에서 가장 인기있는 OTT 플랫폼은?

주요 OTT 앱 월 사용자 수* 현황

?	1,214만 명
웨이브	432만 명
티빙	429만 명
쿠팡플레이	380만 명
시즌	169만 명
디즈니 플러스	168만 명
왓챠	94만 명

보기

투니버스	MBC	넷플릭스	CNN

*2021년 3월 한 달 동안 OTT 서비스를 사용한 사람 수, 가입자와 구분 필요

자료 출처: 모바일인덱스(2022년 8월 기준)

3. MECE 연습 – 4) 트렌드

우리나라에서 가장 인기있는 OTT 플랫폼은?

주요 OTT 앱 월 사용자 수* 현황

넷플릭스	1,214만 명
웨이브	432만 명
티빙	429만 명
쿠팡플레이	380만 명
시즌	169만 명
디즈니 플러스	168만 명
왓챠	94만 명

보기

투니버스	MBC	넷플릭스	CNN

*2021년 3월 한 달 동안 OTT 서비스를 사용한 사람 수, 가입자와 구분 필요

자료 출처: 모바일인덱스(2022년 8월 기준)

3. MECE 연습 – 4) 트렌드

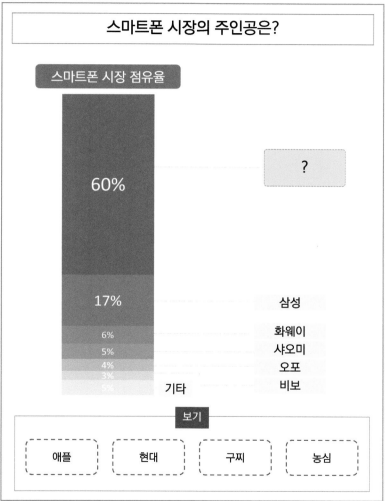

스마트폰 시장의 주인공은?

스마트폰 시장 점유율

?

60%

17% 삼성

6% 화웨이
5% 샤오미
4% 오포
3% 비보
5% 기타

보기

애플   현대   구찌   농심

자료 출처: Omdia (2021년 기준)

61

3. MECE 연습 – 4) 트렌드

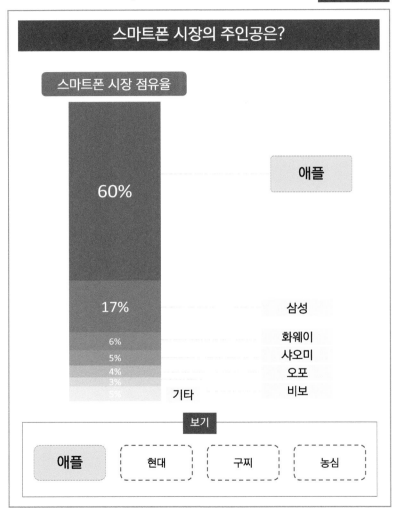

스마트폰 시장의 주인공은?

스마트폰 시장 점유율

60% — 애플

17% — 삼성
6% — 화웨이
5% — 샤오미
4% — 오포
3% — 비보

기타

보기

애플 | 현대 | 구찌 | 농심

자료 출처: Omdia (2021년 기준)

3. MECE 연습 – 4) 트렌드

정답 찾기

2022년 1분기 가장 많이 팔린 스마트폰은?

1위 ?

보기

애플 아이폰 13

삼성 연아의 햅틱

2위	아이폰 13 pro max	3.4%	애플
3위	아이폰 13 pro	1.8%	애플
4위	아이폰12	1.6%	애플
5위	갤럭시 S22 ultra 5G	1.5%	삼성
6위	갤럭시 A13	1.4%	삼성
7위	아이폰 SE 2022	1.4%	삼성
8위	갤럭시 A03 core	1.4%	삼성
9위	갤럭시 A53 5G	1.3%	삼성
10위	레드미 노트 11 LTE	1.3%	샤오미

자료 출처: counterpoint (2022년 1분기 기준)

3. MECE 연습 - 4) 트렌드

2022년 1분기 가장 많이 팔린 스마트폰은?

순위	기종	비율	제조사
1위	아이폰 13	5.5%	
2위	아이폰 13 pro max	3.4%	애플
3위	아이폰 13 pro	1.8%	애플
4위	아이폰12	1.6%	애플
5위	갤럭시 S22 ultra 5G	1.5%	삼성
6위	갤럭시 A13	1.4%	삼성
7위	아이폰 SE 2022	1.4%	삼성
8위	갤럭시 A03 core	1.4%	삼성
9위	갤럭시 A53 5G	1.3%	삼성
10위	레드미 노트 11 LTE	1.3%	샤오미

보기

애플 | 아이폰 13

삼성 연아의 햅틱

자료 출처: counterpoint (2022년 1분기 기준)

5) 여행

①여행의 종류는?

②코로나 이후 여행 트렌드

③국내외 인기 여행지는?

④요즘은 캠핑이 대세, 캠핑 숫자를 맞춰보자

3. MECE 연습 – 5) 여행

정답 찾기

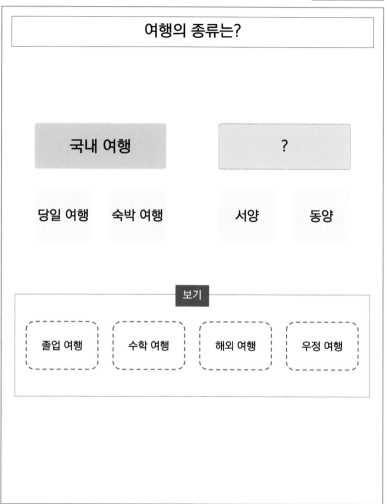

여행의 종류는?

국내 여행

?

당일 여행　　숙박 여행　　　서양　　　동양

보기

졸업 여행　　수학 여행　　해외 여행　　우정 여행

자료 출처: 통계청 (2019년 기준)

3. MECE 연습 – 5) 여행

여행의 종류는?

국내 여행　　　**해외 여행**

당일 여행　숙박 여행　　　서양　　　동양

보기

졸업 여행　　수학 여행　　**해외 여행**　　우정 여행

자료 출처: 통계청 (2019년 기준)

3. MECE 연습 – 5) 여행

정답 찾기

코로나 이후 여행 트렌드

S Short Distance 근거리
수도권·대도시 주변 '근거리' 관광수요 증가

? Activity 야외활동
아웃도어 '레저 및 캠핑' 수요 증가

F Family 가족
'가족'과 함께하는 일상관광 확대

E Eco-Area 자연친화·청정지역
코로나를 피해 '청정지역' 관광수요 증가

T Tourist-Site 인기 관광지
여전히 '인기 관광지' 중심 관광수요 변동

Y Yet.. 수요회복 조짐
관광 '욕구' 여전히 존재,
온전한 관광 '수요' 회복까지는 시간 필요

보기

| A | ㅎ | ㅌ | O |

*한국관광공사, 빅데이터를 활용한 '언택트(Untact) 시대의 국내 관광행동 변화' 분석

자료 출처: 한국관광공사(2020년)

3. MECE 연습 – 5) 여행

코로나 이후 여행 트렌드

S Short Distance 근거리
수도권·대도시 주변 '근거리' 관광수요 증가

A Activity 야외활동
아웃도어 '레저 및 캠핑' 수요 증가

F Family 가족
'가족'과 함께하는 일상관광 확대

E Eco-Area 자연친화·청정지역
코로나를 피해 '청정지역' 관광수요 증가

T Tourist-Site 인기 관광지
여전히 '인기 관광지' 중심 관광수요 변동

Y Yet.. 수요회복 조짐
관광 '욕구' 여전히 존재,
온전한 관광 '수요' 회복까지는 시간 필요

보기

| A | ㅎ | ㅌ | ㅇ |

*한국관광공사, 빅데이터를 활용한 '언택트(Untact) 시대의 국내 관광행동 변화' 분석

자료 출처: 한국관광공사(2020년)

3. MECE 연습 – 5) 여행

정답 찾기

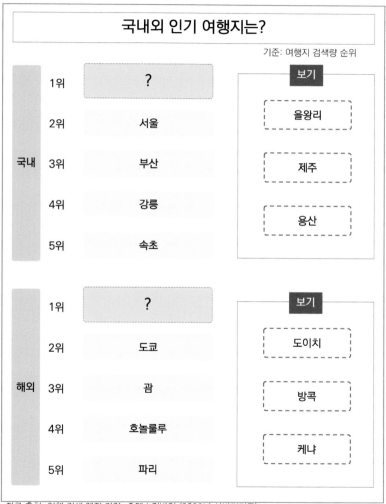

국내외 인기 여행지는?

기준: 여행지 검색량 순위

국내

1위	?
2위	서울
3위	부산
4위	강릉
5위	속초

보기

- 을왕리
- 제주
- 용산

해외

1위	?
2위	도쿄
3위	괌
4위	호놀룰루
5위	파리

보기

- 도이치
- 방콕
- 케냐

자료 출처: 여행 검색 엔진 카약, 호텔스컴바인 (2022년 상반기기준)

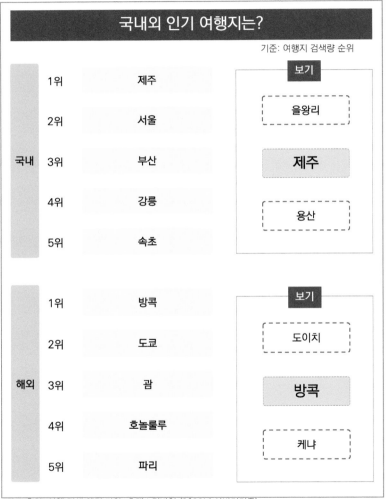

국내외 인기 여행지는?

기준: 여행지 검색량 순위

국내

1위	제주
2위	서울
3위	부산
4위	강릉
5위	속초

보기

- 울왕리
- **제주**
- 용산

해외

1위	방콕
2위	도쿄
3위	괌
4위	호놀룰루
5위	파리

보기

- 도이치
- **방콕**
- 케냐

자료 출처: 여행 검색 엔진 카약, 호텔스컴바인 (2022년 상반기기준)

3. MECE 연습 – 5) 여행

정답 찾기

요즘은 캠핑이 대세, 캠핑 숫자를 맞춰보자

Q   **2021년 국내 캠핑장 수는 몇 개나 있을까요?**

                     ?   개

     한국관광공사 고캠핑에 등록된 캠핑장 수: 2,835개

보기

| 2개 | 2,835개 | 3,500,000개 |

Q   **2018년 캠핑을 즐긴 사람은 몇 명 일까요?**

                     ?   명

     야영 업장 이용객 기준: 2,400만 명

보기

| 10만 | 2,400만 | 100,000만 명 |

Q   **2018년 캠핑이용자 1인당 연간 평균 캠핑비용은 얼마일까요?**

                     ?   원

     캠핑이용자 1인당 연간 평균 캠핑비용: 315,000원

보기

| 1만 | 31만 | 500만 |

자료 출처: 한국관광공사

3. MECE 연습 – 5) 여행

요즘은 캠핑이 대세, 캠핑 숫자를 맞춰보자

Q **2021년 국내 캠핑장 수는 몇 개나 있을까요?**

2,835 개

한국관광공사 고캠핑에 등록된 캠핑장 수: 2,835개

보기

2개 | **2,835개** | 3,500,000개

Q **2018년 캠핑을 즐긴 사람은 몇 명 일까요?**

약 2,400만 명

야영 업장 이용객 기준: 2,400만 명

보기

10만 | **2,400만** | 100,000만 명

Q **2018년 캠핑이용자 1인당 연간 평균 캠핑비용은 얼마일까요?**

315,000만 원

캠핑이용자 1인당 연간 평균 캠핑비용: 315,000원

보기

1만 | **31만** | 500만

자료 출처: 한국관광공사

6) 스포츠

①2024년에 열리는 올림픽 개최지는?

②하계 올림픽이 개최된 도시는?

③운동선수가 가장 많은 운동 종목은 무엇일까?

정답 찾기

2024년에 열리는 올림픽 개최지는?

참가연도	개최 도시	참여 국가	참여 선수	경기 종목
2024	?	–	–	–
2020	도쿄	206개국	11,000명	33개
2016	리우	207개국	11,238명	28개
2012	런던	204개국	10,500명	26개
2008	베이징	204개국	10,942명	24개
2004	아테네	201개국	10,625명	28개
2000	시드니	199개국	10,651명	28개
1996	애틀란타	197개국	10,320명	26개
1992	바르셀로나	169개국	8,391명	27개
1988	서울	160개국	8,391명	27개

보기

| 마포구 | 북한 | 합정동 | 파리 |

1988년부터 2020년까지 열린 하계올림픽

자료 출처: 나무위키 (2020년 기준)

77

3. MECE 연습 – 6) 스포츠

2024년에 열리는 올림픽 개최지는?

참가연도	개최 도시	참여 국가	참여 선수	경기 종목
2024	파리	–	–	–
2020	도쿄	206개국	11,000명	33개
2016	리우	207개국	11,238명	28개
2012	런던	204개국	10,500명	26개
2008	베이징	204개국	10,942명	24개
2004	아테네	201개국	10,625명	28개
2000	시드니	199개국	10,651명	28개
1996	애틀란타	197개국	10,320명	26개
1992	바르셀로나	169개국	8,391명	27개
1988	서울	160개국	8,391명	27개

보기

마포구 　 북한 　 합정동 　 **파리**

1988년부터 2020년까지 열린 하계올림픽

자료 출처: 나무위키 (2020년 기준)

3. MECE 연습 – 6) 스포츠

정답 찾기

하계 올림픽이 개최된 도시는?

?	1992년 바르셀로나	1996년 애틀란타
2000년 시드니	2004 아테네	2008 베이징
2012 런던	2016 리우	2020 도쿄

보기

1988 서울	1988 평양	1800 조선	1991 대전

1988년 올림픽 부터

자료 출처: 나무위키 (2020년 기준)

79

3. MECE 연습 – 6) 스포츠

하계 올림픽이 개최된 도시는?

1988년 서울	1992년 바르셀로나	1996년 애틀란타
2000년 시드니	2004 아테네	2008 베이징
2012 런던	2016 리우	2020 도쿄

보기

1988 서울	1988 평양	1800 조선	1991 대전

1988년 올림픽 부터

자료 출처: 나무위키 (2020년 기준)

3. MECE 연습 – 6) 스포츠

정답 찾기

운동선수가 가장 많은 운동 종목은 무엇일까?

순위	종목	인원
1위	?	27,000명
2위	야구	13,000명
3위	태권도	11,000명
4위	궁도*	8,200명
5위	육상	5,400명
6위	사격	3,400명
7위	수영	3,300명
8위	아이스하키	2,900명
9위	배구	2,700명
10위	농구	2,500명

보기

박 터트리기

축구

바둑

오징어 게임

*궁도: 대한민국 전통 궁술스포츠, 양궁과 다르게 자연재료로 만든 활을 사용함

자료 출처: 대한체육회 (2020년 기준)

운동선수가 가장 많은 운동 종목은 무엇일까?

순위	종목	인원
1위	축구	27,000명
2위	야구	13,000명
3위	태권도	11,000명
4위	궁도*	8,200명
5위	육상	5,400명
6위	사격	3,400명
7위	수영	3,300명
8위	아이스하키	2,900명
9위	배구	2,700명
10위	농구	2,500명

보기

박 터트리기

축구

바둑

오징어 게임

*궁도: 대한민국 전통 궁술스포츠, 양궁과 다르게 자연재료로 만든 활을 사용함

자료 출처: 대한체육회 (2020년 기준)

7) 역사

①조선시대 신분은 어떤 것들이 있을까?

②조선시대 과거제도를 살펴보자

③6 25 전쟁에 참가한 국가는?

3. MECE 연습 – 7) 역사

정답 찾기

조선시대 신분은 어떤 것들이 있을까?

양반
(지주+관리+유학자)

중인
(서리+형리+기술+역관)
서얼, 직역세습, 행정실무 담당

?
(농민+상인+수공업자)
과거 응시 가능, 세부담 의무O

천민
(노비+백정+무당+창기+광대)

보기

| 추노 | 노비 | 상민 | 귀족 |

자료 출처: 국사편찬위원회, 통계청(2021년 기준)

조선시대 신분은 어떤 것들이 있을까?

양반
(지주+관리+유학자)

중인
(서리+형리+기술+역관)
서얼, 직역세습, 행정실무 담당

상민
(농민+상인+수공업자)
과거 응시 가능, 세부담 의무O

천민
(노비+백정+무당+창기+광대)

보기

추노   노비   **상민**   귀족

자료 출처: 국사편찬위원회, 통계청(2021년 기준)

3. MECE 연습 – 7) 역사

정답 찾기

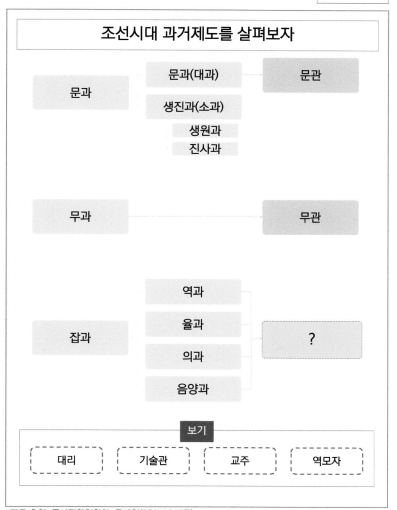

조선시대 과거제도를 살펴보자

| 문과 | 문과(대과) | 문관 |

생진과(소과)

생원과
진사과

무과 ─────────── 무관

역과
율과
의과
음양과

?

보기

| 대리 | 기술관 | 교주 | 역모자 |

자료 출처: 국사편찬위원회, 통계청(2021년 기준)

3. MECE 연습 – 7) 역사

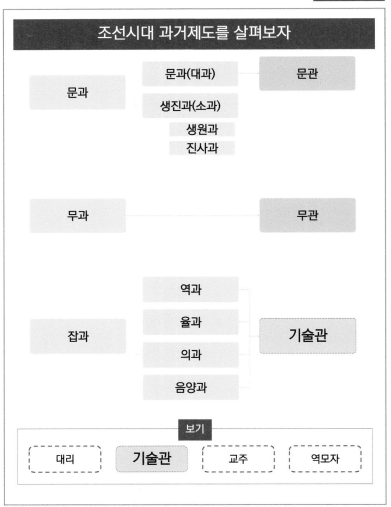

조선시대 과거제도를 살펴보자

- 문과
  - 문과(대과) → 문관
  - 생진과(소과)
    - 생원과
    - 진사과
- 무과 ········· → 무관
- 잡과
  - 역과
  - 율과 → 기술관
  - 의과
  - 음양과

보기

| 대리 | **기술관** | 교주 | 역모자 |

자료 출처: 국사편찬위원회, 통계청(2021년 기준)
88

3. MECE 연습 – 7) 역사

정답 찾기

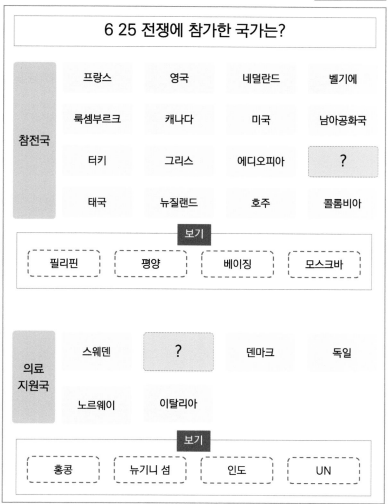

6 25 전쟁에 참가한 국가는?

참전국

프랑스	영국	네덜란드	벨기에
룩셈부르크	캐나다	미국	남아공화국
터키	그리스	에디오피아	?
태국	뉴질랜드	호주	콜롬비아

보기

필리핀   평양   베이징   모스크바

의료 지원국

| 스웨덴 | ? | 덴마크 | 독일 |
| 노르웨이 | 이탈리아 | | |

보기

홍콩   뉴기니 섬   인도   UN

자료 출처: 국가기록원

89

3. MECE 연습 – 7) 역사

6 25 전쟁에 참가한 국가는?

참전국	프랑스	영국	네덜란드	벨기에
	룩셈부르크	캐나다	미국	남아공화국
	터키	그리스	에디오피아	**필리핀**
	태국	뉴질랜드	호주	콜롬비아

보기

필리핀	평양	베이징	모스크바

의료 지원국	스웨덴	**인도**	덴마크	독일
	노르웨이	이탈리아		

보기

홍콩	뉴기니 섬	**인도**	UN

자료 출처: 국가기록원

90

8) 인물

①지폐 속 어떤 위인이 있을까?

②대한민국 역대 대통령

3. MECE 연습 – 8) 인물

정답 찾기

지폐 속 어떤 위인이 있을까?

	최초 발행	인물	배경	규격
1,000원권	2007년 1월	퇴계 이황	계상정거도	136 × 68mm
5,000원권	2006년 1월	?	초충도	142 × 68mm
10,000원권	2007년 1월	세종대왕	혼천의	148 × 68mm
50,000원권	2009년 6월	신사임당	풍죽도	154 × 68mm

보기

이완용	이토히로부미	율곡 이이	이지용

자료 출처: 한국은행

3. MECE 연습 - 8) 인물

지폐 속 어떤 위인이 있을까?

	최초 발행	인물	배경	규격
1,000원권	2007년 1월	퇴계 이황	계상정거도	136 × 68㎜
5,000원권	2006년 1월	율곡 이이	초충도	142 × 68㎜
10,000원권	2007년 1월	세종대왕	혼천의	148 × 68㎜
50,000원권	2009년 6월	신사임당	풍죽도	154 × 68㎜

보기

이완용	이토히로부미	율곡 이이	이지용

자료 출처: 한국은행

94

3. MECE 연습 – 8) 인물

정답 찾기

대한민국 역대 대통령

1948년 초대 대통령 이승만 대한독립촉성국민회	1972년 8대 대통령 박정희 민주공화당	1997년 15대 대통령 김대중 새정치국민회의
1952년 2대 대통령 이승만 자유당	1978년 9대 대통령 박정희 민주공화당	2002년 16대 대통령 노무현 새천년민주당
1956년 3대 대통령 이승만 자유당	1979년 10대 대통령 최규하 무소속	2007년 17대 대통령 이명박 한나라당
1960년 4대 대통령 이승만 자유당	1980년 11대 대통령 전두환 무소속	2012년 18대 대통령 박근혜 새누리당
1963년 5대 대통령 박정희 민주공화당	1981년 12대 대통령 전두환 민주정의당	2017년 19대 대통령 문재인 더불어민주당
1967년 6대 대통령 박정희 민주공화당	1987년 13대 대통령 노태우 민주정의당	2022년 20대 대통령 ? 국민의힘
1971년 7대 대통령 박정희 민주공화당	1992년 14대 대통령 김영삼 민주자유당	

보기
이재명
윤석열

자료 출처: 한국은행

3. MECE 연습 – 8) 인물

대한민국 역대 대통령

1948년 초대 대통령
이승만

대한독립촉성국민회

1972년 8대 대통령
박정희

민주공화당

1997년 15대 대통령
김대중

새정치국민회의

1952년 2대 대통령
이승만

자유당

1978년 9대 대통령
박정희

민주공화당

2002년 16대 대통령
노무현

새천년민주당

1956년 3대 대통령
이승만

자유당

1979년 10대 대통령
최규하

무소속

2007년 17대 대통령
이명박

한나라당

1960년 4대 대통령
이승만

자유당

1980년 11대 대통령
전두환

무소속

2012년 18대 대통령
박근혜

새누리당

1963년 5대 대통령
박정희

민주공화당

1981년 12대 대통령
전두환

민주정의당

2017년 19대 대통령
문재인

더불어민주당

1967년 6대 대통령
박정희

민주공화당

1987년 13대 대통령
노태우

민주정의당

2022년 20대 대통령
윤석열

국민의힘

1971년 7대 대통령
박정희

민주공화당

1992년 14대 대통령
김영삼

민주자유당

보기

이재명

윤석열

자료 출처: ○○

9) 과학

①특허가 가장 많은 국가는?

②우리 기업들은 국제특허를 얼마나 만들까?

3. MECE 연습 – 9) 과학

정답 찾기

특허가 가장 많은 국가는?

순위	국가명	2020년 PCT 출원 건수
1	중국	68,720 건
2	미국	59,230 건
3	일본	50,520 건
4	?	20,060 건
5	독일	18,643 건

보기

| 수리남 | 미얀마 | 대한민국 | 이집트 |

PCT(특허협력조약 : Patent Cooperation Treaty) 출원: 자국 특허청에 출원했을 때
특허협력조약에 가입한 나라에 출원서를 제출한 것으로 인정받는 제도

자료 출처: 대학민국 정책브리핑 보도자료(2021.3.4)

정답

특허가 가장 많은 국가는?

순위	국가명	2020년 PCT 출원 건수
1	중국	68,720 건
2	미국	59,230 건
3	일본	50,520 건
4	대한민국	20,060 건
5	독일	18,643 건

보기

| 수리남 | 미얀마 | **대한민국** | 이집트 |

*PCT(특허협력조약 : Patent Cooperation Treaty) 출원: 자국 특허청에 출원했을 때
특허협력조약에 가입한 나라에 출원서를 제출한 것으로 인정받는 제도*

자료 출처: 대학민국 정책브리핑 보도자료(2021.3.4)

3. MECE 연습 – 9) 과학

정답 찾기

우리 기업들은 국제특허를 얼마나 만들까?

순위	국가명	2020년 PCT 출원 건수
1	화웨이	5,464 건
2	?	3,093 건
3	미쓰비시	2,810 건
4	LG전자	2,759 건
5	퀄컴	2,173 건

보기

삼성전자	국세청	강원도	작가와

자료 출처: 대학민국 정책브리핑 보도자료(2021.3.4)

정답

우리 기업들은 국제특허를 얼마나 만들까?

순위	국가명	2020년 PCT 출원 건수
1	화웨이	5,464 건
2	삼성전자	3,093 건
3	미쓰비시	2,810 건
4	LG전자	2,759 건
5	퀄컴	2,173 건

보기

삼성전자 | 국세청 | 강원도 | 작가와

자료 출처: 대학민국 정책브리핑 보도자료(2021.3.4)

10) 경제

①국내 주식시장의 종류는?

②GDP TOP5들어가는 나라는?

③부채가 많은 국가는 어디일까?

④국내 기업 자산 순위

⑤세계 기업 시가 총액 순위

⑥직원들이 뽑은 일하기 좋은 국내 회사는?

⑦4대 사회보험은 어떤 게 있을까?

⑧국내 은행 자산 순위

3. MECE 연습 - 10) 경제

정답 찾기

국내 주식시장의 종류는?

?

한국종합주가지수로 증권 거래소에 사장된 종목들의
주식 가격을 종합적으로 표시한 수치(대기업 포진)

**코스닥
(KOSDAQ)**

벤처 기업·중소기업에 안정적인 자금을
공급하기 위해 설립된 우리나라의 주식 장외 시장

**코넥스
(KOSDAQ)**

창업 초기의 중소,벤처기업들이 필요한 자금을
원활하게 조달할 수 있도록
개설된 중소기업 전용 주식시장

보기

나스닥   **코스피**

자료 출처: 대학민국 정책브리핑 보도자료(2021.3.4)

3. MECE 연습 – 10) 경제

국내 주식시장의 종류는?

코스피
(KOSPI)

한국종합주가지수로 증권 거래소에 사장된 종목들의
주식 가격을 종합적으로 표시한 수치(대기업 포진)

코스닥
(KOSDAQ)

벤처 기업·중소기업에 안정적인 자금을
공급하기 위해 설립된 우리나라의 주식 장외 시장

코넥스
(KOSDAQ)

창업 초기의 중소,벤처기업들이 필요한 자금을
원활하게 조달할 수 있도록
개설된 중소기업 전용 주식시장

보기

나스닥   **코스피**

자료 출처: 대학민국 정책브리핑 보도자료(2021.3.4)

정답 찾기

GDP TOP5들어가는 나라는?

| 1위 | 2위 | 3위 | 4위 | 5위 | ⋯ | 14위 |

중국 23,009억 $
미국 19,846억 $
? 8,443억 $
일본 5,224억 $
독일 4,238억 $
대한민국 2,187억 $

보기

북한　　인도　　나이지리아　　아르헨티나

자료 출처: THE WORLD FACKBOOK (2020년 기준)

정답

GDP TOP5들어가는 나라는?

| 1위 | 2위 | 3위 | 4위 | 5위 | ··· | 14위 |

| 중국 | 미국 | 인도 | 일본 | 독일 | ··· | 대한민국 |
| 23,009억 $ | 19,846억 $ | 8,443억 $ | 5,224억 $ | 4,238억 $ | | 2,187억 $ |

보기

북한   인도   나이지리아   아르헨티나

자료 출처: THE WORLD FACKBOOK (2020년 기준)

부채가 많은 국가는 어디일까?

기준: 2020 GDP대비

	국가명	부채 비율
1위	베네수엘라	304 %
2위	일본	258 %
3위	그리스	213 %
4위	이탈리아	156 %
5위	?	127 %
6위	프랑스	113 %
7위	영국	104 %
8위	독일	69 %
9위	중국	67 %
10위	한국	49 %

보기

| 하와이 | 마이에미 | 미국 | 강원도 |

G20 / OECD 평균 부채 비율 86%

자료 출처: IMF(2020년 기준)

3. MECE 연습 – 10) 경제

부채가 많은 국가는 어디일까?

기준: 2020 GDP대비

	국가명	부채 비율
1위	베네수엘라	304 %
2위	일본	258 %
3위	그리스	213 %
4위	이탈리아	156 %
5위	미국	127 %
6위	프랑스	113 %
7위	영국	104 %
8위	독일	69 %
9위	중국	67 %
10위	한국	49 %

보기

하와이	마이에미	**미국**	강원도

G20 / OECD 평균 부채 비율 86%

자료 출처: IMF(2020년 기준)

110

3. MECE 연습 - 10) 경제

정답 찾기

국내 기업 자산 순위

순위	기업명	자산 총액
1위	삼성	483.9조 원
2위	?	292조 원
3위	현대자동차	257.8조 원
4위	LG	167.5조 원
5위	롯데	121.6조 원
6위	포스코	96.3조 원
7위	한화	80.4조 원
8위	GS	76.8조 원
9위	현대중공업	75.3조 원
10위	농협	67조 원

보기

- SK
- 작가와
- 경기고속

자료 출처: 공정거래위원회 「2022 공시대상기업집단 지정 현황」

3. MECE 연습 – 10) 경제

국내 기업 자산 순위

순위	기업명	자산 총액
1위	삼성	483.9조 원
2위	SK	292조 원
3위	현대자동차	257.8조 원
4위	LG	167.5조 원
5위	롯데	121.6조 원
6위	포스코	96.3조 원
7위	한화	80.4조 원
8위	GS	76.8조 원
9위	현대중공업	75.3조 원
10위	농협	67조 원

보기

SK

작가와

경기고속

자료 출처: 공정거래위원회 「2022 공시대상기업집단 지정 현황」

3. MECE 연습 – 10) 경제

정답 찾기

세계 기업 시가 총액 순위

순위		기업명	자산 총액
1위		애플	2,288조 원
2위		아람코	2,059조 원
3위		?	1,771조 원
4위	G	구글	1,310조 원
5위	a	아마존	1,159조 원
⋮			
28위	S	삼성	263.9조 원

보기

맥도날드	레고	마이크로 소프트	작가와

자료 출처: companiesmarketcap (2022년 10월)

113

3. MECE 연습 – 10) 경제

세계 기업 시가 총액 순위

순위		기업명	자산 총액
1위		애플	2,288조 원
2위		아람코	2,059조 원
3위		마이크로소프트	1,771조 원
4위	G	구글	1,310조 원
5위	a	아마존	1,159조 원
⋮			
28위	S	삼성	263.9조 원

보기

맥도날드	레고	마이크로 소프트	작가와

자료 출처: companiesmarketcap (2022년 10월)

3. MECE 연습 – 10) 경제

정답 찾기

4대 사회보험은 어떤 게 있을까?

질병 ▼ 건강보험

?

실업 ▼ 고용보험

상해 ▼ 산재보험

보기

이별 ▼ 상담보험

취업 ▼ 취준보험

노령 ▼ 국민연금

자료 출처: 고용노동부

4대 사회보험은 어떤 게 있을까?

질병	노령	실업	상해
▼	▼	▼	
건강보험	국민연금	고용보험	산재보험

보기

이별	취업	노령
▼	▼	▼
상담보험	취준보험	국민연금

자료 출처: 고용노동부

3. MECE 연습 – 10) 경제

정답 찾기

국내 은행 자산 순위

	은행명	자산 총액
1위	?	464조 원
2위	신한은행	421조 원
3위	KEB하나은행	408조 원
4위	우리은행	3976조 원
5위	중소기업은행(IBK)	368조 원

보기

- 새마을금고
- 도이치은행
- KB국민은행

자료 출처: 금융소비자연맹 (2022년 5월 기준)

3. MECE 연습 - 10) 경제

국내 은행 자산 순위

	은행명	자산 총액
1위	KB국민은행	464조 원
2위	신한은행	421조 원
3위	KEB하나은행	408조 원
4위	우리은행	3976조 원
5위	중소기업은행(IBK)	368조 원

보기

새마을금고

도이치은행

KB국민은행

자료 출처: 금융소비자연맹 (2022년 5월 기준)

11) 환경

①국내에서 가장 많이 사용한 연료는?

②척추동물을 분류한다면?

③한국인이 사랑한 반려동물은?

3. MECE 연습 – 11) 환경

정답 찾기

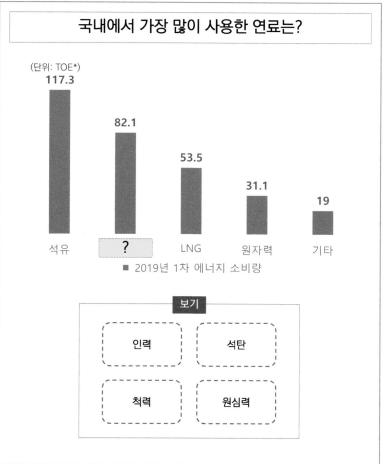

국내에서 가장 많이 사용한 연료는?

(단위: TOE*)

- 석유: 117.3
- ?: 82.1
- LNG: 53.5
- 원자력: 31.1
- 기타: 19

■ 2019년 1차 에너지 소비량

보기

| 인력 | 석탄 |
| 척력 | 원심력 |

*어떤 물질에서 나오는 에너지의 양을 석유 1톤을 연소시킬 때 발생하는 에너지로 환산하여 표준화한 단위.
가령, 장작 5톤이 석유 1톤과 에너지가 같다면, 장작 5톤은 1TOE임.

자료 출처: 에너지경제연구원「에너지통계연보」

3. MECE 연습 – 11) 환경

국내에서 가장 많이 사용한 연료는?

(단위: TOE*)

- 석유 117.3
- 석탄 82.1
- LNG 53.5
- 원자력 31.1
- 기타 19

■ 2019년 1차 에너지 소비량

보기

- 인력
- **석탄**
- 척력
- 원심력

*어떤 물질에서 나오는 에너지의 양을 석유 1톤을 연소시킬 때 발생하는 에너지로 환산하여 표준화한 단위.
가령, 장작 5톤이 석유 1톤과 에너지가 같다면, 장작 5톤은 1TOE임.

자료 출처: 에너지경제연구원「에너지통계연보」

122

3. MECE 연습 – 11) 환경

정답 찾기

척추동물을 분류한다면?

어류

양서류

파충류

?

포유류

보기

조류

전류

염류

한류

자료 출처: 금융소비자연맹 (2022년 5월 기준)

3. MECE 연습 – 11) 환경

척추동물을 분류한다면?

어류

양서류

파충류

조류

포유류

보기

조류

전류

염류

한류

자료 출처: 금융소비자연맹 (2022년 5월 기준)

3. MECE 연습 – 11) 환경

정답 찾기

한국인이 사랑한 반려동물은?

	종류	비율
1위	강아지	80.7%
2위	?	25.7%
3위	관상어	8.8%
4위	햄스터	3.7%
5위	새	2.7%

보기

원숭이

바퀴벌레

고양이

자료 출처: KB금융지주 경영연구소 (2021)

3. MECE 연습 – 11) 환경

한국인이 사랑한 반려동물은?

	종류	비율
1위	강아지	80.7%
2위	고양이	25.7%
3위	관상어	8.8%
4위	햄스터	3.7%
5위	새	2.7%

보기

원숭이

바퀴벌레

고양이

자료 출처: KB금융지주 경영연구소 (2021)

126

12) 공해

①재활용이 가능한 품목은?

②폐기물은 어떻게 처리할까?

③층간소음이 사람 잡네

3. MECE 연습 – 12) 공해

정답 찾기

재활용이 가능한 품목은?

종이류　　　병류　　　캔류

?　　　의류

플라스틱류　　　BOX류

보기

쓰레기류　　고철류　　액체류　　기체류

기타: 기계적, 화학적, 생물학적 처분

자료 출처: (2020년 기준)

재활용이 가능한 품목은?

종이류 병류 캔류

고철류 의류

플라스틱류 BOX류

보기

쓰레기류 **고철류** 액체류 기체류

*기타: 기계적, 화학적, 생물학적 처분

자료 출처: (2020년 기준)

3. MECE 연습 – 12) 공해

정답 찾기

폐기물은 어떻게 처리할까?

연도별 폐기물 처리 현황 (단위: 톤)

구분	2017	2018	2019
매립	3만 5천	3만 4천	3만
?	2만 6천	2만6천	2만 5천
재활용	36만	38만	43만
*기타	1천	8백	1만

보기

| 기부 | 우주배출 | 소각 | 경매 |

*기타: 기계적, 화학적, 생물학적 처분

자료 출처: (2020년 기준)

131

3. MECE 연습 – 12) 공해

폐기물은 어떻게 처리할까?

연도별 폐기물 처리 현황 (단위: 톤)

구분	2017	2018	2019
매립	3만 5천	3만 4천	3만
소각	2만 6천	2만6천	2만 5천
재활용	36만	38만	43만
*기타	1천	8백	1만

보기

기부	우주배출	소각	경매

*기타: 기계적, 화학적, 생물학적 처분

자료 출처: (2020년 기준)

132

3. MECE 연습 – 12) 공해

정답 찾기

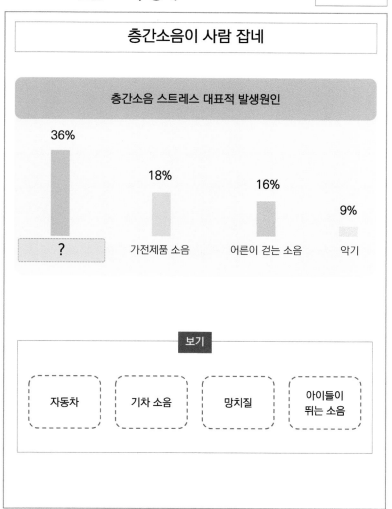

층간소음이 사람 잡네

층간소음 스트레스 대표적 발생원인

36%

?

18%
가전제품 소음

16%
어른이 걷는 소음

9%
악기

보기

자동차

기차 소음

망치질

아이들이 뛰는 소음

자료 출처: 환경부 포털(2017년 기준)

3. MECE 연습 – 12) 공해

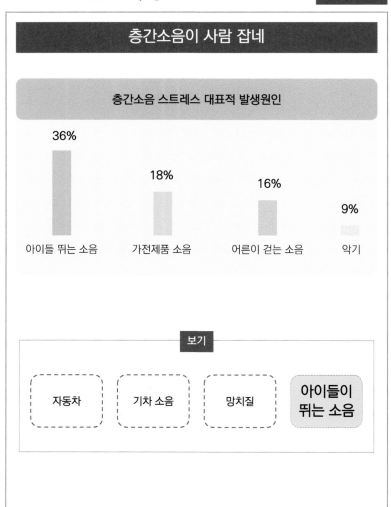

층간소음이 사람 잡네

층간소음 스트레스 대표적 발생원인

36%

18%

16%

9%

아이들 뛰는 소음   가전제품 소음   어른이 걷는 소음   악기

보기

자동차   기차 소음   망치질   **아이들이 뛰는 소음**

자료 출처: 환경부 포털(2017년 기준)

13) 정치, 제도, 복지

①역대 대통령 정당은 어느 곳일까?

②사회복지시설은 누가 사용할까?

③국민들이 원하는 것, 우리들의 목소리, 국민청원

3. MECE 연습 - 13) 정치, 제도, 복지

정답 찾기

역대 대통령 정당은 어느 곳일까?

대촉국단	자유당	민주당	민주공화당
무소속	민주정의당	민자당	국민의회
새천년민주당	한나라당	새누리당	더불어민주당

?

보기

국민의힘	아람단	공산당	허당

자료 출처: 행정안전부 국가기록원

3. MECE 연습 – 13) 정치, 제도, 복지

역대 대통령 정당은 어느 곳일까?

대촉국단	자유당	민주당	민주공화당
무소속	민주정의당	민자당	국민의회
새천년민주당	한나라당	새누리당	더불어민주당

국민의힘

보기

국민의힘 | 아람단 | 공산당 | 허당

자료 출처: 행정안전부 국가기록원

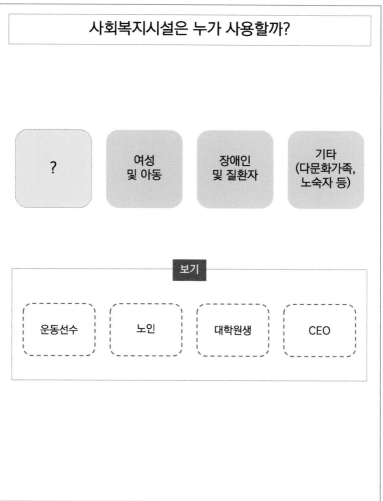

사회복지시설은 누가 사용할까?

?

여성
및 아동

장애인
및 질환자

기타
(다문화가족,
노숙자 등)

보기

운동선수   노인   대학원생   CEO

자료 출처: 사회보장정보시스템 (2021년 9월 기준)

정답

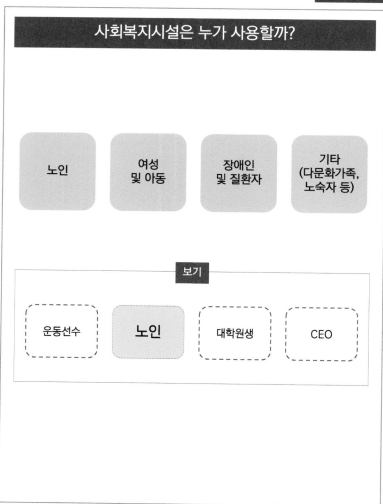

사회복지시설은 누가 사용할까?

| 노인 | 여성 및 아동 | 장애인 및 질환자 | 기타 (다문화가족, 노숙자 등) |

보기

운동선수 　노인 　대학원생 　CEO

자료 출처: 사회보장정보시스템 (2021년 9월 기준)

3. MECE 연습 – 13) 정치, 제도, 복지

		개수 (개)	입소 정원 (명)	종사자 수 (명)
노인 대상	재가노인복지시설	6,378	91,646	70,670
	노인여가복지시설	1,768	267,875	9,006
	노인의료복지시설	6,052	219,199	121,636
	노인주거복지시설	367	24,815	2,557
	노인일자리지원기관	211	4,502	2,030
	노인보호전문기관	41	99	47
	복합노인복지시설	15	142	42
여성 및 아동 대상	아동복지시설	5,382	148,801	24,676
	가정폭력피해보호시설	415	3,134	1,334
	성폭력피해보호시설	292	1,825	720
	청소년복지시설	163	1,331	885
	한부모가족복지시설	131	4,011	605
	성매매피해지원시설	99	616	513
장애인 및 질환자 대상	장애인지역사회재활시설	1,770	72,504	14,135
	장애인거주시설	1,565	33,735	20,124
	장애인직업재활시설	762	23,914	4,903
	정신재활시설	368	6,338	1,362
	정신요양시설	59	12,995	2,160
	장애인생산품판매시설	22	13	141
	장애인의료재활시설	20	1,136	981
	결핵한센시설	9	1,638	102
기타 복지 시설	기타복지시설	2,503	100,056	5,994
	일반사회복지시설	483	22,602	9,088
	자활시설	263	7,627	2,728
	다문화가족복지시설	228	2,371	4,550
	노숙인복지시설	148	12,783	1,836
	통합상담소	41	31	218

자료 출처: 사회보장정보시스템 (2021년 9월 기준)

3. MECE 연습 – 13) 정치, 제도, 복지

정답 찾기

국민들이 원하는 것, 우리들의 목소리, 국민청원

참여 현황

청원 수 – 88만 건
동의 수 – 1억 5,000만 건
방문자 수 – 3억 4,000만 명

최다 관심 분야

최다 청원 분야	최다 동의 분야
1위 ?	1위 ?
2위 인권/성평등	2위 정치개혁
3위 보건복지	3위 안전/환경
4위 안전/환경	4위 육아/교육
5위 외교/통일/국방	5위 보건복지

보기
농산어촌
문화/예술
정치개혁

보기
개인 취미 개선
인권/성평등
종교개혁

자료 출처: 청와대 국민청원 (2018~2020년 기준)

3. MECE 연습 - 13) 정치, 제도, 복지

국민들이 원하는 것, 우리들의 목소리, 국민청원

참여 현황

청원 수 - 88만 건
동의 수 - 1억 5,000만 건
방문자 수 - 3억 4,000만 명

최다 관심 분야

	최다 청원 분야		최다 동의 분야
1위	정치개혁	1위	인권/성평등
2위	인권/성평등	2위	정치개혁
3위	보건복지	3위	안전/환경
4위	안전/환경	4위	육아/교육
5위	외교/통일/국방	5위	보건복지

보기

농산어촌

문화/예술

정치개혁

보기

개인 취미 개선

인권/성평등

종교개혁

자료 출처: 청와대 국민청원 (2018~2020년 기준)

143

14) 교육

①우리나라의 대학교 종류는?

②평균 대학 등록금은?

3. MECE 연습 – 14) 교육

정답 찾기

우리나라의 대학교 종류는?

일반대학교	191개	
전문대학교	136개	
?	10개	총 384개
산업대학교	2개	
기타대학	45개	

보기

| 교육대학교 | 게임대학교 | 와플대학교 |

*기타대학은 원격대학, 사이버대학, 전공대학, 기능대학, 방송통신대학 등을 포함

자료 출처: 한국교육개발원/통계청/KESS교육통계 개발원(2020년)

정답

우리나라의 대학교 종류는?

일반대학교	191개
전문대학교	136개
교육대학교	10개
산업대학교	2개
기타대학	45개

총 384개

보기

교육대학교	게임대학교	와플대학교

*기타대학은 원격대학, 사이버대학, 전공대학, 기능대학, 방송통신대학 등을 포함

자료 출처: 한국교육개발원/통계청/KESS교육통계 개발원(2020년)

3. MECE 연습 – 14) 교육

정답 찾기

평균 대학 등록금은?

2021년도 대학교 연간 등록금 현황

구분		학생정원	전체등록금	평균등록금
설립	국/공립 (39개교)	29만 명	1조 2천 억	420만 원
	?	98만 명	7조 3천 억	750만 원

보기

| 사립 | 기업 | 개인 |

구분		학생정원	전체등록금	평균등록금
소재지	?	48만 명	3조 7천 억	760만 원
	비수도권 (122개교)	78만 명	4조 8천 억	620만 원

보기

| 충청권 | 수도권 | 경상권 |

자료 출처: 교육부 보도자료 (2021년 4월 기준)

147

3. MECE 연습 - 14) 교육

평균 대학 등록금은?

2021년도 대학교 연간 등록금 현황

구분		학생정원	전체등록금	평균등록금
설립	국/공립 (39개교)	29만 명	1조 2천 억	420만 원
	사립 (156개교)	98만 명	7조 3천 억	750만 원

보기

사립 | 기업 | 개인

구분		학생정원	전체등록금	평균등록금
소재지	수도권 (73개요)	48만 명	3조 7천 억	760만 원
	비수도권 (122개교)	78만 명	4조 8천 억	620만 원

보기

충청권 | **수도권** | 경상권

자료 출처: 교육부 보도자료 (2021년 4월 기준)

148

15) 노동

①점점 높아지는 신입사원 평균연령 1

②점점 높아지는 신입사원 평균연령 2

③출퇴근 시간을 살펴보자

④출퇴근 스트레스 요인은?

⑤한국의 연간 평균 근로시간은? 1

⑥한국의 연간 평균 근로시간은? 2

3. MECE 연습 – 15) 노동

정답 찾기

점점 높아지는 신입사원 평균연령 1

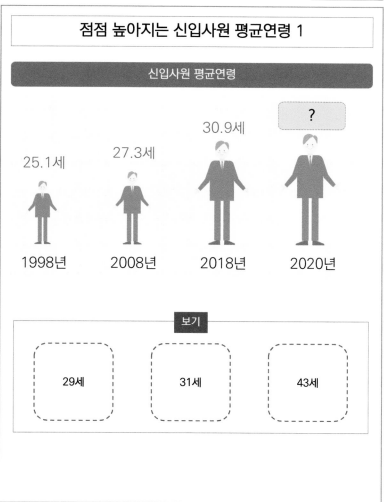

신입사원 평균연령

25.1세
1998년

27.3세
2008년

30.9세
2018년

?
2020년

보기

29세

31세

43세

자료 출처: 인쿠르트, 사람인(2020년 기준)

3. MECE 연습 – 15) 노동

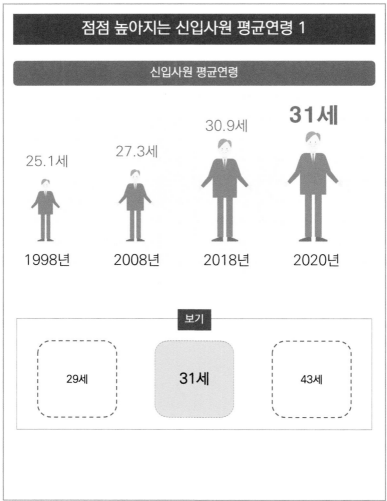

점점 높아지는 신입사원 평균연령 1

신입사원 평균연령

25.1세
1998년

27.3세
2008년

30.9세
2018년

31세
2020년

보기

29세

31세

43세

자료 출처: 인쿠르트, 사람인(2020년 기준)

152

3. MECE 연습 – 15) 노동

정답 찾기

점점 높아지는 신입사원 평균연령 2

신입사원 연령이 높아지는 이유

?	**57.5%**

스펙 쌓는 시간 증가   36.1%

중고 신입 증가   33.8%

지원자의 눈높이 상승   24.7%

휴학, 졸업유예 보편화   20.5%

고학력자 증가   12.8%

보기

취업난 지속   평균 수명 증가   집에 돈이 많음

자료 출처: 인쿠르트, 사람인(2020년 기준)

점점 높아지는 신입사원 평균연령 2

신입사원 연령이 높아지는 이유

취업난 지속 **57.5%**

스펙 쌓는 시간 증가 36.1%

중고 신입 증가 33.8%

지원자의 눈높이 상승 24.7%

휴학, 졸업유예 보편화 20.5%

고학력자 증가 12.8%

보기

취업난 지속 | 평균 수명 증가 | 집에 돈이 많음

자료 출처: 인쿠르트, 사람인(2020년 기준)

출퇴근 시간을 살펴보자

직장인들의 평균 출퇴근 소요 시간

?

한달 20일을 근무한다고 가정하면,
평균 21시간을 길에서 보내게 됨

출퇴근 스트레스에 관한 조사결과

58%   평소 출퇴근 시간에
스트레스를 받는다.

보기

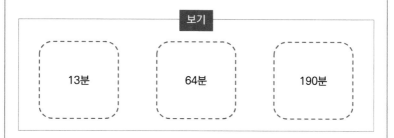

13분   64분   190분

직장인 1556명 대상 설문

자료 출처: 사람인(2020년 기준)

출퇴근 시간을 살펴보자

직장인들의 평균 출퇴근 소요 시간

64분

한달 20일을 근무한다고 가정하면,
평균 21시간을 길에서 보내게 됨

출퇴근 스트레스에 관한 조사결과

58%

평소 출퇴근 시간에
스트레스를 받는다.

보기

| 13분 | 64분 | 190분 |

직장인 1556명 대상 설문

자료 출처: 사람인(2020년 기준)

출퇴근 스트레스 요인은?

출퇴근 스트레스 요인

1위 | ? | 27.4%

2위 당일 업무 스트레스 및 긴장감 24.7%

3위 장거리 이동으로 인한 수면부족 15.6%

4위 교통체증 15.6%

⋮

보기

| 모바일 게임 | 퇴근 후 술 생각 | 혼잡한 대중교통 |

*직장인 1556명 대상 설문

자료 출처: 사람인(2020년 기준)

3. MECE 연습 – 15) 노동

출퇴근 스트레스 요인은?

출퇴근 스트레스 요인

1위 혼잡한 대중교통   27.4%

2위 당일 업무 스트레스 및 긴장감   24.7%

3위 장거리 이동으로 인한 수면부족   15.6%

4위 교통체증   15.6%

⋮

보기

모바일 게임	퇴근 후 술 생각	**혼잡한 대중교통**

*직장인 1556명 대상 설문

자료 출처: 사람인(2020년 기준)

3. MECE 연습 – 15) 노동

정답 찾기

한국의 연간 평균 근로시간은? 1

연간 평균 근로시간

한국	OECD 국가 평균
?	VS. **1,687시간**

OECD 38개국 中 한국은 3위
(근로시간이 많은 순위)

보기

1,908시간	4,010시간	7,000시간

시간당 노동생산성 = 1인당 GDP ÷ 총노동시간.

자료 출처: OECD(2021년 기준)

3. MECE 연습 – 15) 노동

한국의 연간 평균 근로시간은? 1

연간 평균 근로시간

한국	OECD 국가 평균
1,908시간 vs.	**1,687시간**

OECD 38개국 中 한국은 3위
(근로시간이 많은 순위)

보기

1,908시간	4,010시간	7,000시간

시간당 노동생산성 = 1인당 GDP ÷ 총노동시간.

자료 출처: OECD(2021년 기준)

3. MECE 연습 – 15) 노동

정답 찾기

한국의 연간 평균 근로시간은? 2

시간당 노동생산성

한국	OECD 국가 평균
?	vs. **54.5달러**

OECD 38개국 中 한국은 27위
(생산성이 높은 순위)

보기

4달러	100달러	41.7달러

*시간당 노동생산성 = 1인당 GDP ÷ 총노동시간.

자료 출처: OECD(2021년 기준)

3. MECE 연습 – 15) 노동

한국의 연간 평균 근로시간은? 2

시간당 노동생산성

한국	OECD 국가 평균

41.7달러   vs.   54.5달러

OECD 38개국 中 한국은 27위
(생산성이 높은 순위)

보기

4달러	100달러	41.7달러

*시간당 노동생산성 = 1인당 GDP ÷ 총노동시간.

자료 출처: OECD(2021년 기준)

16) 비즈니스

3. MECE 연습 – 16) 비즈니스

정답 찾기

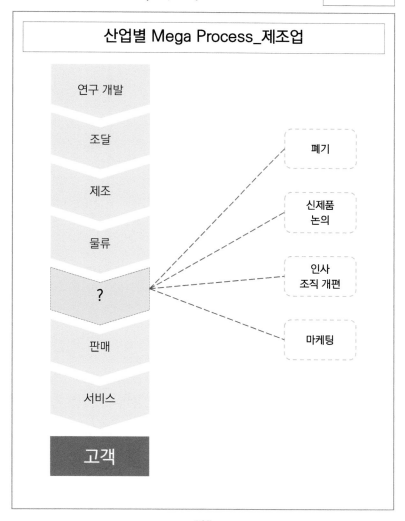

산업별 Mega Process_제조업

연구 개발

조달

제조

물류

?

판매

서비스

고객

폐기

신제품 논의

인사 조직 개편

마케팅

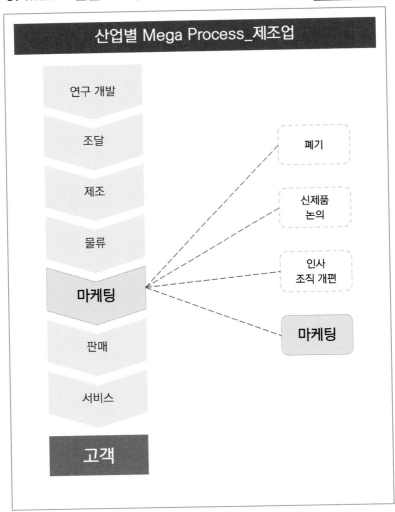

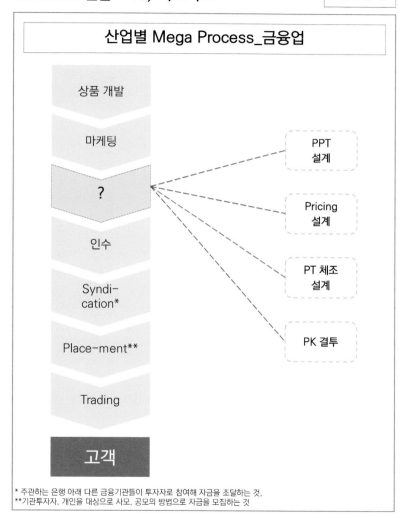

산업별 Mega Process_금융업

상품 개발

마케팅

?
- PPT 설계
- Pricing 설계
- PT 체조 설계
- PK 결투

인수

Syndi-cation*

Place-ment**

Trading

고객

* 주관하는 은행 아래 다른 금융기관들이 투자자로 참여해 자금을 조달하는 것.
**기관투자자, 개인을 대상으로 사모, 공모의 방법으로 자금을 모집하는 것

3. MECE 연습 – 16) 비즈니스

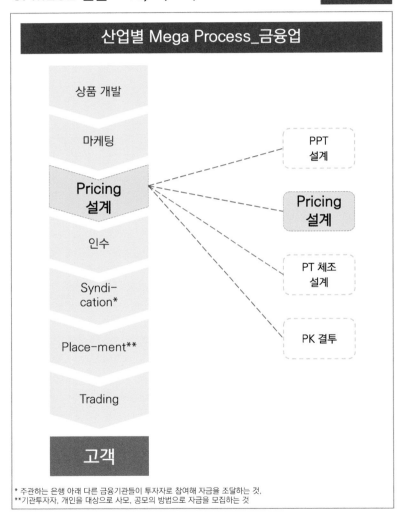

산업별 Mega Process_금융업

상품 개발

마케팅

Pricing 설계

인수

Syndi-cation*

Place-ment**

Trading

고객

PPT 설계

Pricing 설계

PT 체조 설계

PK 결투

* 주관하는 은행 아래 다른 금융기관들이 투자자로 참여해 자금을 조달하는 것.
**기관투자자, 개인을 대상으로 사모, 공모의 방법으로 자금을 모집하는 것

3. MECE 연습 – 16) 비즈니스

정답 찾기

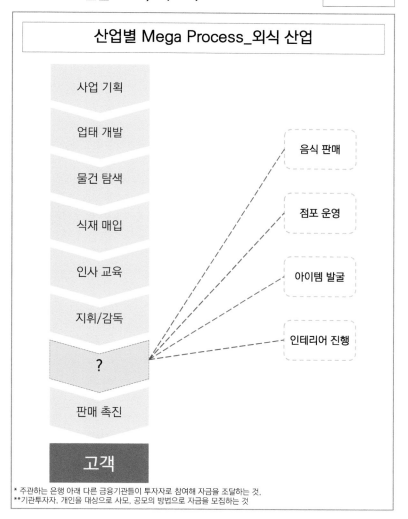

산업별 Mega Process_외식 산업

- 사업 기획
- 업태 개발
- 물건 탐색
- 식재 매입
- 인사 교육
- 지휘/감독
- ?
- 판매 촉진
- **고객**

- 음식 판매
- 점포 운영
- 아이템 발굴
- 인테리어 진행

* 주관하는 은행 아래 다른 금융기관들이 투자자로 참여해 자금을 조달하는 것.
**기관투자자, 개인을 대상으로 사모, 공모의 방법으로 자금을 모집하는 것

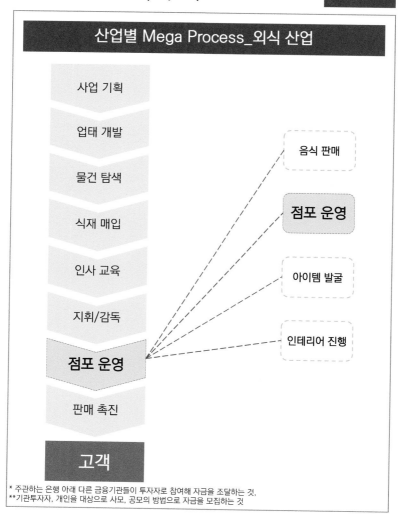

산업별 Mega Process_외식 산업

- 사업 기획
- 업태 개발
- 물건 탐색
- 식재 매입
- 인사 교육
- 지휘/감독
- 점포 운영
- 판매 촉진

고객

음식 판매

점포 운영

아이템 발굴

인테리어 진행

* 주관하는 은행 아래 다른 금융기관들이 투자자로 참여해 자금을 조달하는 것.
** 기관투자자, 개인을 대상으로 사모, 공모의 방법으로 자금을 모집하는 것

3. MECE 연습 – 16) 비즈니스

정답 찾기

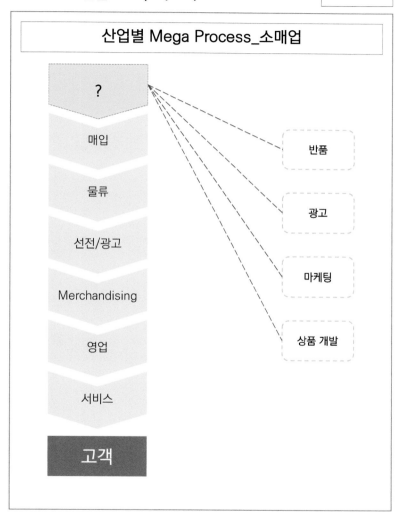

산업별 Mega Process_소매업

?

매입

물류

선전/광고

Merchandising

영업

서비스

고객

반품

광고

마케팅

상품 개발

정답

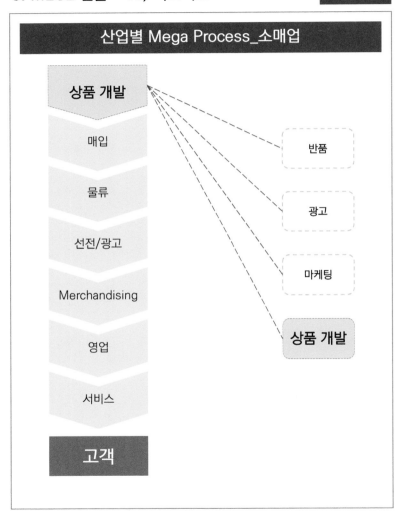

산업별 Mega Process_소매업

상품 개발

매입

물류

선전/광고

Merchandising

영업

서비스

고객

반품

광고

마케팅

상품 개발

3. MECE 연습 – 16) 비즈니스

정답 찾기

산업별 Mega Process_광고 대리점

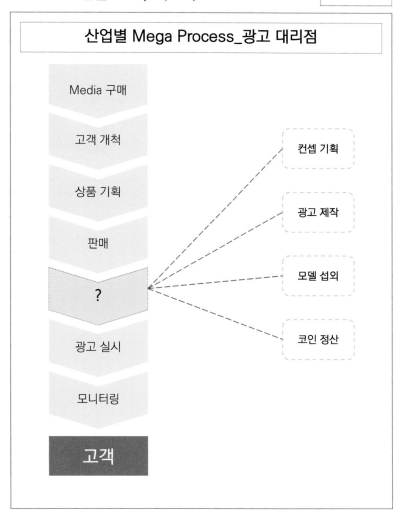

Media 구매

고객 개척

상품 기획

판매

?

광고 실시

모니터링

고객

컨셉 기획

광고 제작

모델 섭외

코인 정산

정답

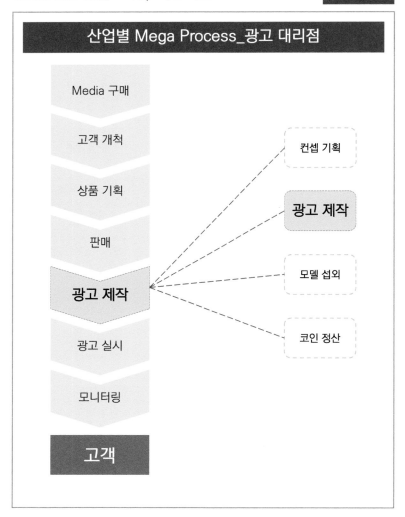

3. MECE 연습 – 16) 비즈니스

정답 찾기

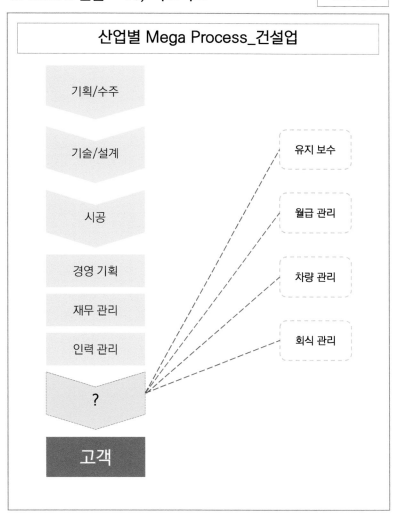

산업별 Mega Process_건설업

- 기획/수주
- 기술/설계
- 시공
- 경영 기획
- 재무 관리
- 인력 관리
- ?
- 고객

유지 보수
월급 관리
차량 관리
회식 관리

3. MECE 연습 – 16) 비즈니스

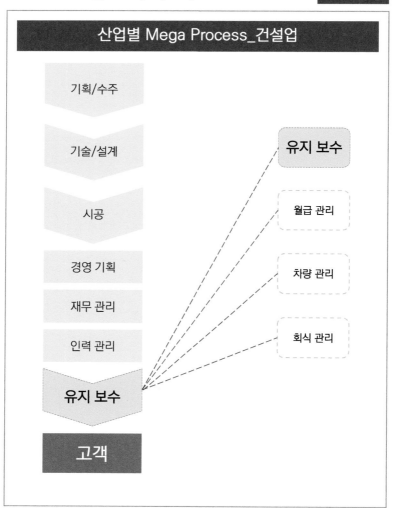

산업별 Mega Process_건설업

기획/수주

기술/설계

시공

경영 기획

재무 관리

인력 관리

유지 보수

고객

유지 보수

월급 관리

차량 관리

회식 관리

3. MECE 연습 – 16) 비즈니스

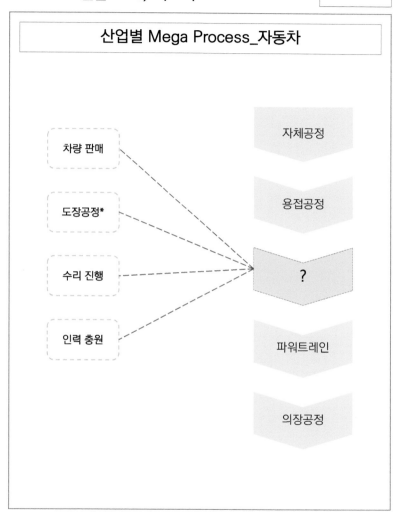

정답 찾기

산업별 Mega Process_자동차

차량 판매

도장공정*

수리 진행

인력 충원

자체공정

용접공정

?

파워트레인

의장공정

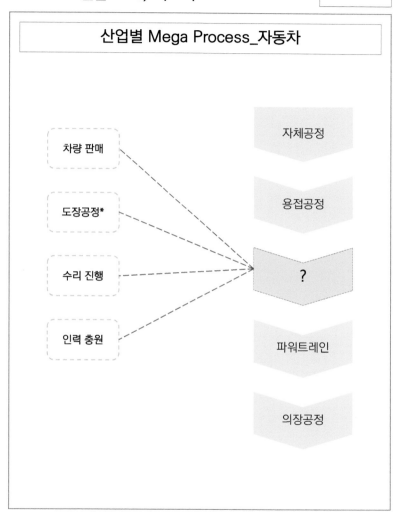

정답

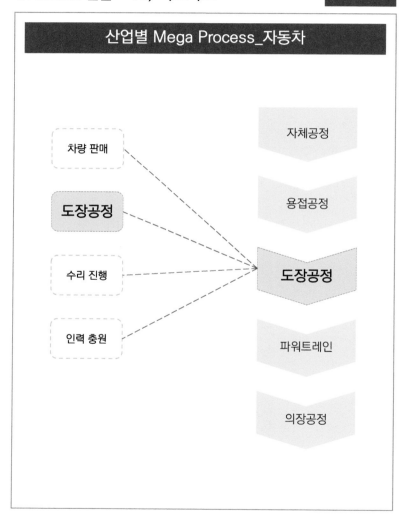

산업별 Mega Process_자동차

차량 판매

도장공정

수리 진행

인력 충원

자체공정

용접공정

도장공정

파워트레인

의장공정

3. MECE 연습 – 16) 비즈니스

정답 찾기

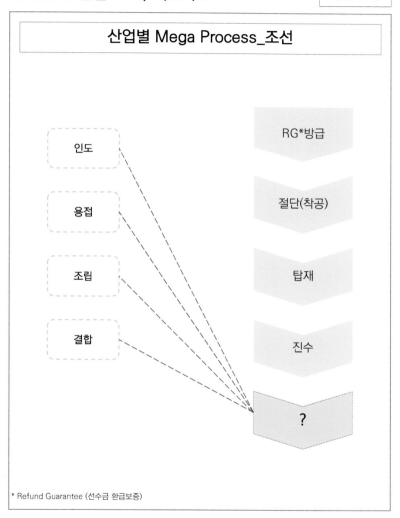

산업별 Mega Process_조선

인도

용접

조립

결합

RG*방급

절단(착공)

탑재

진수

?

* Refund Guarantee (선수금 환급보증)

3. MECE 연습 – 16) 비즈니스

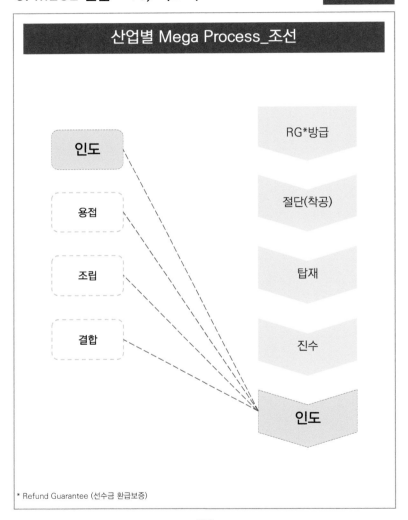

산업별 Mega Process_조선

인도

용접

조립

결합

RG*발급

절단(착공)

탑재

진수

인도

* Refund Guarantee (선수금 환급보증)

정답 찾기

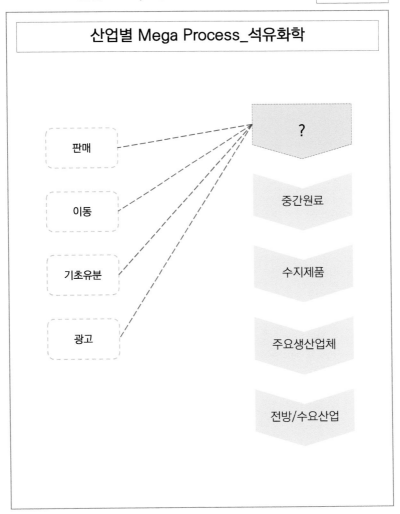

정답

산업별 Mega Process_석유화학

판매

이동

기초유분

광고

기초유분

중간원료

수지제품

주요생산업체

전방/수요산업

3. MECE 연습 - 16) 비즈니스

정답 찾기

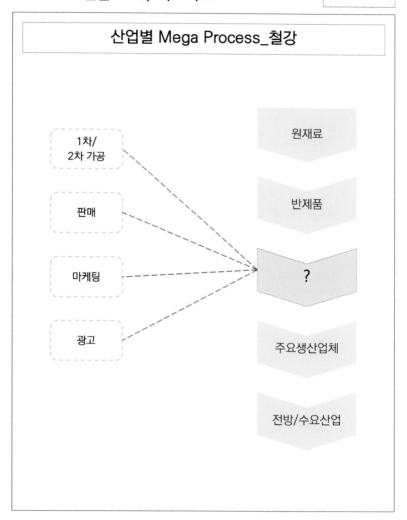

3. MECE 연습 – 16) 비즈니스

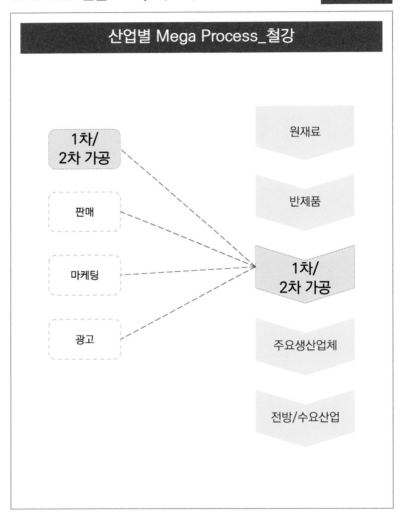

3. MECE 연습 – 16) 비즈니스

정답 찾기

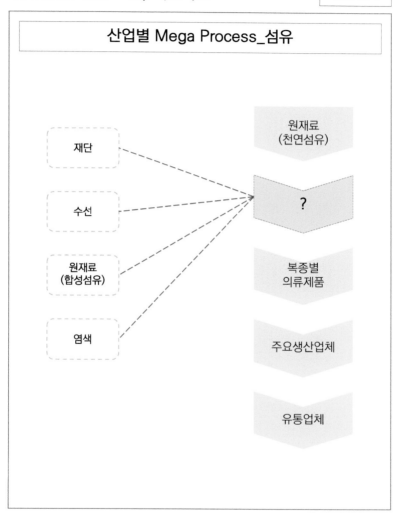

산업별 Mega Process_섬유

재단

수선

원재료
(합성섬유)

염색

원재료
(천연섬유)

?

복종별
의류제품

주요생산업체

유통업체

3. MECE 연습 – 16) 비즈니스

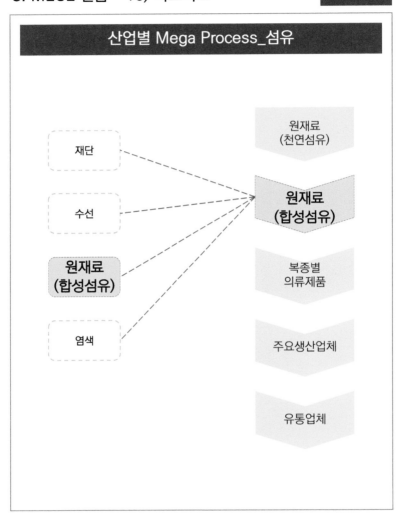

산업별 Mega Process_섬유

재단

수선

원재료 (합성섬유)

염색

원재료 (천연섬유)

원재료 (합성섬유)

복종별 의류제품

주요생산업체

유통업체

3. MECE 연습 – 16) 비즈니스

정답 찾기

산업별 Mega Process_반도체

발광		선공정	후공정

선공정
- 증착
- 세정
- PR코팅
- ?
- 현상
- 식각
- PR 제거
- 검사

후공정
- Dicing
- 패키징 (wire bonding)
- 패키징 (Bumping)
- 검사
- Assembly

발광

노광

개강

형광

* 설명 추가

3. MECE 연습 – 16) 비즈니스

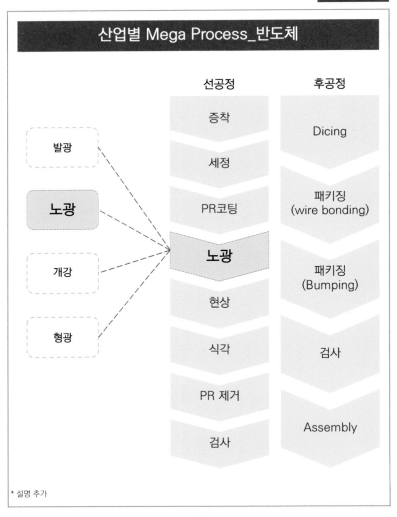

산업별 Mega Process_반도체

	선공정	후공정
	증착	Dicing
발광	세정	
노광	PR코팅	패키징 (wire bonding)
	노광	
개강	현상	패키징 (Bumping)
형광	식각	검사
	PR 제거	
	검사	Assembly

* 설명 추가

188

3. MECE 연습 – 16) 비즈니스

정답 찾기

은행 업무를 자세히 살펴보면?

주업무

영업/판매	상품관리	홍보관리	고객서비스	?
고객 관리	상품 개발	홍보 계획	서비스 계획	수신
판매 기획	상품 테스트	홍보 실행	콜 센터	여신
마케팅 계획	상품 분석	결과 분석	서비스 분석	외환
시장 조사				카드
고객 관리				

보기

횡령 관리	사내연애
집안 관리	거래관리

3. MECE 연습 – 16) 비즈니스

은행 업무를 자세히 살펴보면?

주업무

영업/판매	상품관리	홍보관리	고객서비스	거래관리
고객 관리	상품 개발	홍보 계획	서비스 계획	수신
판매 기획	상품 테스트	홍보 실행	콜 센터	여신
마케팅 계획	상품 분석	결과 분석	서비스 분석	외환
시장 조사				카드
고객 관리				

보기

횡령 관리

사내연애

집안 관리

거래관리

정답 찾기

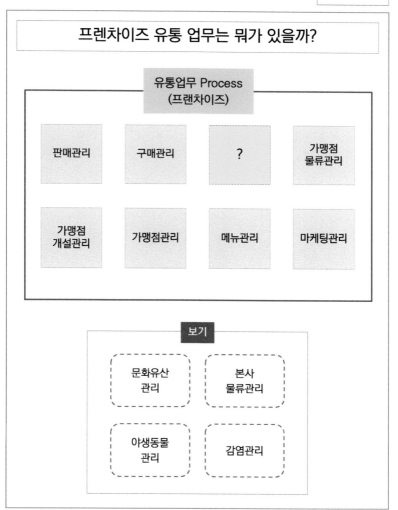

프렌차이즈 유통 업무는 뭐가 있을까?

유통업무 Process (프랜차이즈)

판매관리	구매관리	?	가맹점 물류관리
가맹점 개설관리	가맹점관리	메뉴관리	마케팅관리

보기

- 문화유산 관리
- 본사 물류관리
- 야생동물 관리
- 감염관리

정답

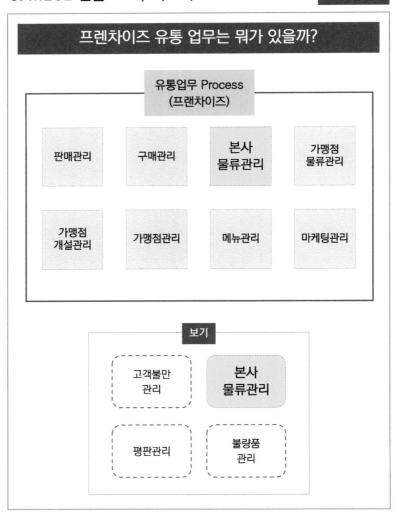

프렌차이즈 유통 업무는 뭐가 있을까?

유통업무 Process
(프랜차이즈)

| 판매관리 | 구매관리 | 본사 물류관리 | 가맹점 물류관리 |

| 가맹점 개설관리 | 가맹점관리 | 메뉴관리 | 마케팅관리 |

보기

| 고객불만 관리 | 본사 물류관리 |

| 평판관리 | 불량품 관리 |

3. MECE 연습 – 16) 비즈니스

정답 찾기

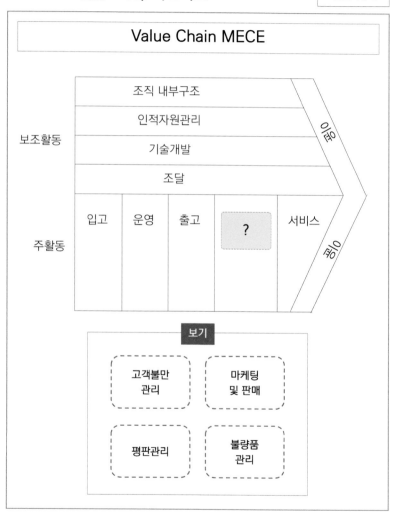

Value Chain MECE

보조활동	조직 내부구조				
	인적자원관리				
	기술개발				
	조달				
주활동	입고	운영	출고	**?**	서비스

이윤

이윤

보기

고객불만
관리

마케팅
및 판매

평판관리

불량품
관리

193

3. MECE 연습 – 16) 비즈니스

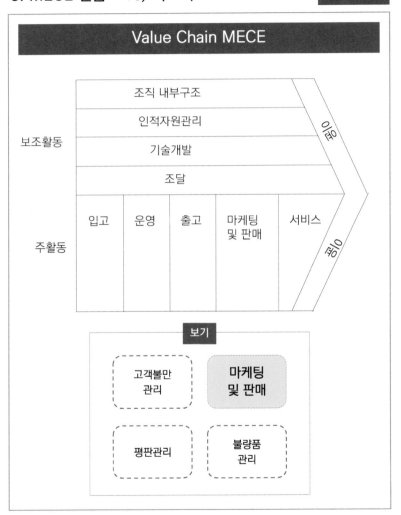

Value Chain MECE

보조활동	조직 내부구조				
	인적자원관리				
	기술개발				
	조달				
주활동	입고	운영	출고	마케팅 및 판매	서비스

이윤

이윤

보기

고객불만 관리

마케팅 및 판매

평판관리

불량품 관리

정답 찾기

Process Innovation 추진 목표

PI 추진 목표

?   원가 절감   업무 효율성 증대

계획 정확도 향상   정보제공 적시성 확보

보기

내외부 고객 만족   CEO 기분 전환

예산 낭비   세계 자랑

Process Innovation 추진 목표

PI 추진 목표

내외부
고객 만족

원가 절감

업무 효율성
증대

계획 정확도
향상

정보제공
적시성 확보

보기

내외부
고객 만족

CEO
기분 전환

예산 낭비

세계 자랑

3장
일상 속 MECE

일상 속 MECE

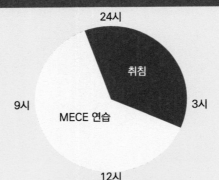

MECE하게 생각할 수 있는 시간

MECE의 숙련도를 높이는 방법은 평소에 보이는 모든 것들을 부단히 나눠보는 연습을 하는 것입니다. 밥 먹으면서도 흰 색의 쌀밥, 빨간 색의 국, 노란색의 나물, 검은색의 김 등 색으로나 나눠보고 칼로리별로도 나눠보고 영양성분별로도 나눠보고 중량으로도 나눠보는 것입니다.

차를 타고 이동하면서 도로에 보이는 자동차들도 제조국가별, 배기량별, 브랜드별, 용도별, 번호판의 끝자리별로 나눠보는 것입니다. 이게 어려우면 앞서 언급한 '있다'와 '없다'의 2가지로 구분되는 것부터 시작해도 좋습니다.

안경을 쓴 사람과 안 쓴 사람, 시계를 찬 사람과 차지 않은 사람, 목걸이나 귀걸이 등 장신구를 한 사람과 하지 않은 사람 등으로 이분화시켜 바라보는 것입니다.

이와 같이 평소에 관찰할 수 있는 것부터 연습을 많이 하다보면, 어느 순간 업무 관련 문제를 해결할 때도 MECE하게 생각하는 자신을 발견할 수 있습니다.

MECE 비즈니스
워크북

MECE 비즈니스
워크북

MECE 워크북
국내선 이용 편

MECE 워크북
영화 관람 편

MECE 워크북
점심식사 편

트리즈
워크북 1
쪼개기 편

트리즈
워크북 2
추출 편

스캠퍼
워크북

형태분석법
워크북

유니버설 디자인
워크북

비즈니스 매너
워크북

바른 문장
워크북

Ballpark
워크북

병원 산업
워크북

프로젝트
리더십

저 신입인데
이거 물어봐도 되나요?

한 권으로
끝내는 OJT

워킹백워드
워크북

Learning and Growth 홈페이지 소개

역량 UP 워크북, 임직원 기업교육은

Learning Growth

교육컨텐츠 더보기

워크북 더보기

Learning and Growth가 궁금하신 분들은 홈페이지를 방문해주세요.